歴史文化ライブラリー

303

日本国号の歴史

小林敏男

JN300165

吉川弘文館

目　次

国号論の提起と現在――プロローグ

1　国号論の提起と現在

天皇制論と国号論

戦後（一九四五年以後）の歴史学は、天皇制のことはずいぶん議論となったが、〝日本〟という国号を論ずることは少なかった。世間一般的には、国号「日本」は遠い昔から議論をするまでもなく、自明の前提としてあったということであろう。実際の歴史的事実としても日本号は、七世紀後半から一三〇〇年間変更もなく続いている。この点では、天皇制もかわらないのであるが、戦後、太平洋戦争の敗戦によって、天皇の戦争責任の問題も含めて天皇制存続の危機がおとずれ、国体《こくたい》（万《ばん》世一系《せいいっけい》の天皇の統治する神聖国家日本と定義しておこう）の護持の議論が沸騰した。また、戦後の象徴天皇制をめぐる国体の変更問題の議論もあった。歴史学の方では、長年にわたる「万世一系」の天皇制の存続の秘密は何かということで、その議論は最大の関心事でもあった。古代史に限定しても、古代天皇制国家＝律令国家の成立ということで、天皇制は国家論の基軸であったし、王から大王へ、さらに天皇へという王権発達史の問題、さらに天皇はディスポット（専制君主）か権威＝不執政としての存在かとして議論が盛んであった。もっとも、天皇以前に大王の歴史があるというのも、古代史を学習して初めて知る事実であろう。

天皇制に対して、「日本」国号論は、なかなか議論の対象になりにくかった。「日本」以前の国号が「倭」「倭国」であったとするのも世間一般の常識とはなっていない。また日本人論・日本論・日本文化論といった文明・文化的な意味あいをもった議論は、戦後とくに盛んであったが、それは〝日本国〟というある意味では自明の枠組みの中で論じられており、その枠組み自体を客観（対象）化して問うことにはならなかった。私たちの国、〝日本〟は、原始時代から現在まで、いわば一国史的な立場で、その通史が概観・叙述できる国であるとされてきた。しかし、近年アイヌや沖縄（琉球）の歴史もまた私たちの国の歴史の一環として研究・学習されなければならないことが自覚されてきている。先住少数民族と規定されたアイヌの歴史・文化は、琉球（沖縄）のように王制―国家を形成しなかったものの、日本民族形成論の問題も含めて、その独自の精神文化は注目されている。琉球（沖縄）史は、日本本土（琉球側から呼称する場合、ヤマト）の歴史と比較すると、その国家形成の時期は十四〜五世紀に下るものの、その交易・交通体系の点では、黒潮ルートの貝の路《みち》として弥生《やよい》時代からヤマトと深いつながりをもっていたし、十世紀ごろから始まる原グスク（生産経済社会）時代になると、九州から工人・商人などを中心とした移住民も多数南下してある種の人口爆発を起こし、政治社会が形成される。また、十四世紀後半から十六世紀半ばにかけての大貿易時代には、明《みん》への入貢（その冊封《さくほう》体制下に入った）を基軸として、朝鮮・日本本土・東南アジアへと世界的な規模で交易体系を確立して繁栄した。明に対するアジア諸国の入貢回数は、琉球は一七一回で、二位の安南《アンナン》（ベトナム）の八九回を抜いて断然トップであって（ちなみに日本は一九回）、中継貿易の国として、その位置は重要なものがあった。琉球は、結局、一八七九（明治十二）年、王国が解体され沖縄県として明治国家の府県制のもとに強制編入されることになるが、それまでは独自の歴史と文化を形成してきたのであって、アイヌ・沖縄の歴史・文化は日本本土の歴史・文化をある意味では相対化することになり、その多様性は私たちの歴史・文化をより豊かなものにしてくれる。

この琉球（沖縄）の呼称であるが、琉球（流求）は、中国側からの対外的呼称として出発し、沖縄（オキナハ）は古くから沖縄の人たちが自称してきたウチナーからきており、これはこれから考察する日本本土の倭—ヤマトに対応している。

近年の国号論

近年、神野志隆光《こうのしたかみつ》は、「近代天皇制国家における、天皇のもとに成り立つ国民的一体性と『国体』の正統性の構築の中に、国号論は参与していないというべきである」「近代国家は『日本』（正式には『大日本帝国』）と国号を規定したが、国号に関する言説を形成し、積極的に意味づけ、浸透させ、国民的合意をつくろうとはしなかったのである」（神野志・二〇〇五）と述べているが、それは日本人の民族としての形成や日本国家の形成史の学問研究が『古事記』『日本書紀』（『記紀』）の建国物語のイデオロギーに規定されて、十分展開しなかったことが背景にあろう。もちろん、アカデミズムの場では、戦前、「日本」国号の研究はそれなりに進展しているのであって、まったく沈黙していたわけではない。問題となるのは、戦前における学問と教育の分離であって、アカデミズムの場では、一定の研究の進展はみられたものの、教育の場では『記紀』の「建国物語」がイデオロギー化して、それが国民の歴史認識として強く定着していったのである。

その建国物語とは、高天原《たかまがはら》の天神天照大神《あまてらすおおみかみ》の孫ニニギノ尊《みこと》の日向《ひゅうが》の高千穂《たかちほ》峰への天孫《てんそん》降臨《こうりん》から始まって、皇統譜初代のカムヤマトイワレ彦（神武《じんむ》天皇）の日向から大和への征討と遷都、橿原宮《かしはらのみや》での即位、そのあとヤマトタケルによる西の熊襲《くまそ》征伐と東方の蝦夷《えみし》征伐、さらにオキナガタラシ姫（神功《じんぐう》皇后）によるいわゆる「三韓征討」へと物語は展開していく。いわば建国物語は、純粋な国内問題として展開しており、この国内統一のあと神功皇后の海外への飛躍があって、建国物語は完結している。

国号論は、天皇制とは違った位層にあって、それは対外関係・国際関係の議論の中から出てくるものである。

戦後、日本古代国家形成史は、『記紀』の建国物語からは離れて、『後漢書《ごかんじょ》』東夷伝《とういでん》・『魏志《ぎし》』倭人伝《わじんでん》・『宋書《そうしょ》』倭国伝《わこくでん》などの中国史料、石上神宮《いそのかみじんぐう》蔵の七支刀銘文《しちしとうめいぶん》、高句麗好太王碑文《こうくりこうたいおうひぶん》などの日朝関係を示す金石文《きんせきぶん》史料、さらに『三国史記《さんごくしき》』『三国遺事《いじ》』の朝鮮史料などが盛んに活用され議論されるようになった。そして、建国物語の歴史は、日本古代国家形成史となって、倭の奴国王《なこくおう》や倭国王帥升《すいしょう》らの後漢への遣使・朝貢、卑弥呼《ひみこ》の邪馬台国《やまたいこく》、倭五王による宋王朝への遣使と冊封体制下への参入、対日朝関係史などが論ぜられるようになったのである。それは日本の建国史が（東アジアの）国際関係の中で論ぜられるようになったからである。いわば、日本の国家形成史を対外関係・国際関係の中で客観化できる研究状況が次第に深まり、世間一般的にもそれが浸透していったわけである。当然、国号を考える下地が出てきたのである。

近年、国号論が人々の問題意識を啓発するものとして活発になってきた。網野善彦《あみのよしひこ》は、「日本国の成立・出現以前には日本も日本人も存在せず、その国制の外にある人々は日本人ではない。『聖徳太子《しょうとくたいし》』とのちによばれた厩戸《うまやど》王子は『倭人』であり、日本人ではないのであり、日本国成立当初、東北中北部の人々、南九州の人は日本人ではない」「日本が地球上にはじめて現われ、日本人が姿をみせるのは……『壬申《じんしん》の乱』に勝利した天武《てんむ》の朝廷が『倭国』から『日本国』に国名を変えたときであった」「このときより（天武朝―筆者注）前には『日本』や『日本人』も実在していない。縄文《じょうもん》人も弥生人も、聖徳太子も日本人でない」（網野・二〇〇〇、同・二〇〇五）という刺激的な言説をもって問題提起された。

この網野の言説は、その通りであると思いつつも何か異和感が残る。そこには連続性ということが考慮されていないからである。少し異なった事例でこのことを考えてみよう。

例えば、五世紀後半から六世紀初頭ごろの雄略《ゆうりゃく》天皇・継体《けいたい》天皇は実在性のある天皇として古代史では有名である。これらの天皇は厳密にいえば五世紀後半から六世紀初頭ごろの呼称ではない。まず、天皇号は、推古朝ごろ、もしくは天武朝ごろからとするのが有力説である。当該の時期に天皇号がなかったのは確実である。また〝雄略〟や〝継体〟は漢風諡号《しごう》（中国風の贈り名）で、死後の天皇を讃えての名前である。その贈り名が献上された時期は、『書紀』編纂より下る奈良時代の後半、天平宝字年間（八世紀後半）のころで、淡海三船《おうみのみふね》による追諡《ついし》だといわれている。したがって、当該時期には、雄略天皇・継体天皇という呼称はなかった、ことになる。そこからさらに、当時、雄略天皇・継体天皇はいなかったという言い方もできるわけである。そこで、天皇号を考慮して雄略大王・継体大王と表記する書物もみられる。しかし、これもおかしいのであって、〝雄略〟〝継体〟と〝大王〟とは相容れない呼称である。当該の時期でいえば、雄略はワカタケルが本名、継体はヲホド（実名はフト王とする説もある）とみられるから、ワカタケル王（大王）・ヲホド王（大王）とするのが本来的な呼称と考えられる。『記紀』にみえる歴代天皇号は、その本名（実名）を確定することはむずかしい。本名は伝わらない天皇もいるからである。

したがって、その人物が同一人物で連続したものであれば、のちの確かな呼称をもってその人物名をよぶことはやむをえない。ワカタケル王・ヲホド王と雄略天皇・継体天皇はその実体は同じ人物であるから、五・六世紀の人物として雄略天皇・継体天皇と歴史学上呼称することは適当であろう。

網野が縄文人・弥生人は日本人でない、聖徳太子も日本人でないというのは呼称の変化に本質（実体）をみる観念的言説である。聖徳太子は死後の諡号で、生前は厩戸王といった。この厩戸王は『書紀』では敏達《びだつ》三（五七四）年から推古《すいこ》三十（六二二）年とされ、推古朝ごろに活躍した人物とされている。この厩戸王が日本人ではなかったというのは妙な感じがする。それは、〝日本〟という呼称に示された実体（日本国）はそれ以前から連続しているからである。七世紀後半の天武朝ごろに突然〝日本国〟という実体が出現したわけでない。この点は、〝国〟というものを雄略天皇・継体天皇におきかえてみるとよくわかる。〝日本国〟という呼称が示す実体は天武朝以前の推古朝にもさかのぼるものである。その実体とはヤマトである。ヤマトというのは、これからみていくように国内におけるわが国の固有の国名である。対外的呼称である琉球に対する沖縄（オキナハ）と同じである。倭や日本という国名は対外関係で用いられる国名である。したがって、倭・日本と表記されても、その訓《よ》みはヤマトである。厩戸は、当時、外国からは倭《わ》国の人、倭人とよばれたかもしれない。日本《じっぽん》の人とは決していわれなかった。しかし国内的にいえば、ヤマトの人である。いわば天武朝ごろに突然倭人から日本人になったのでなく、実体の呼称が変化しただけである。天武天皇は、あるいはこのころの人は、倭人からある日突然日本人になったのであろうか。

歴史学的にいえば、厩戸王は日本人であってよいのではないか。当時は日本人という呼称はなく、日本人とはいわなかったが、歴史学上からみた場合、厩戸王も、縄文人も弥生人もやはり日本人である。

国号論と国家形成史

国号論が活発となった背景には、戦後の国家形成史の問題がある。すなわち、国家形成史における倭人・倭国と日本国の呼称の変化をどうみるかという問題である。この議論は早くからあった。いわば、『旧唐書《くとうじょ》』倭国・日本伝にみる「日本国は倭国の別種《べつしゅ》なり」とあって、「日本は旧小国《もと》・倭国の地を併せたり」とする『旧唐書』と、逆に「日本は乃《すなわ》ち小国、倭の為に幷《あわ》せられる所」(『新唐書《しんとうじょ》』日本伝)とする記述をめぐってである。これは、のちに取り上げる問題なので、ここでは詳述しないが、研究史的には戦後まもないころ、江上波夫《えがみなみお》によって取り上げられた。江上は、日本というのは朝鮮の任那《みまな》(加羅《から》)に原型があって、任那(加羅)と対馬《つしま》・壱岐《いき》・筑紫《つくし》を含めた「韓倭連合」の国名として日本があって、その都が日本府であるとしている。この勢力がその後、日本列島に入ってきて畿内の倭国を併合して「倭国王」を称し、やがて大化改新後、朝鮮半島で百済《くだら》が滅びた結果、朝鮮半島を放棄して、日本本土だけの国号を〝日本〟に改号したとする（江上・一九五八、同・一九六七）。

このような国名の変化から国家形成史の変遷を読み取ろうとする見解は、古田武彦によっても取り上げられ、倭国は九州王朝、日本国は天皇家の国としての近畿王朝とし、旧《もと》小国であった近畿王朝（天皇家）が九州王朝を敗って日本列島を統一して日本国と改号したという（古田・一九七三）。

こうした議論は、一般的に興味深く訴えるところがあって、その後、たくさんの類似した説が起こってきた。その中でも一つだけ興味深い見解を取り上げると、谷川健一《たにがわけんいち》の議論である。谷川は、生駒《いこま》山麓の現在の大阪府東大阪市日下町の地、草香《くさか》（日下）を日本国号の原点とする。この地は九州から東遷《とうせん》してきた神武《じんむ》天皇が難波津《なにわのつ》から上陸して大和に入ろうとしてナガスネビコと戦った地である。この日下の地は、日神（太陽）信仰にかかわる地で、神武天皇以前に饒速日命（ニギハヤビノミコト）を奉斎する物部《もののべ》氏が九州から外来勢力としてこの河内《かわち》に入り、この地を根源地として大和（ヤマト）に入っていった。この〝日下〟は「ヒノモト」とよみ、河内からみた場合、太陽が昇る地であって、やがて大和に入った物部氏はこの「ヒノモトの草香」から「ヒノモトの大和」へと日神信仰の世界を広げていった。この物部氏は第二の外来勢力である天皇族（氏）によって打倒され、物部氏の太陽信仰と日神の末裔であるという伝承は後来の天皇族によって接収される。すなわち、日本（ヒノモト）というのはこの「ヒノモトの大和」から生まれた国号であるという。谷川説では物部氏の王国であった小国〝日本〟が倭国から東遷してきた天皇氏によって併合されたという史実を『旧唐書』が反映していると考えるのである（谷川・一九八六）。

こうした日本国家形成史の議論は、『記紀』以外の中国史料や朝鮮史料・金石文、あるいは従来あまり議論されることのなかった『旧事紀《くじき》』（『先代旧事本紀《せんだいくじほんぎ》』）などからの推測であって、戦前の『記紀』中心の歴史像への批判から出ている。これは戦後古代史研究の一つの特徴である。

ただ、以上みてきた諸説は、倭国や日本国の国号論の内在的考察の上にたった議論というより、『旧唐書』『新唐書』のいう国号論をそのまま利用して、自己の国家形成史を組み立てたという感じがすることは否めない。

国号「ヤマト」と古代国家形成事情

日本列島の位置

教科書の「日本」号

日本古代史の専門書をみても、日本という国号がいつごろ成立したのか明確に年次が示されていないことに不満をもつ人は多いと思う。ただ、最近の高校の教科書は「日本」号についてふれている。それをみると、七世紀後半の天武《てんむ》朝・持統《じとう》朝のときに倭から日本に改号した、あるいは日本号が誕生したとある。また、天武朝・持統朝の時期に関しては、これを天武朝とするものと持統朝の『飛鳥浄御原令《あすかきよみはらりょう》』の施行のときに日本号の記述をとるものとに分れる。さらに、『大宝律令《たいほうりつりょう》』の制定のときに日本国号が使用されたとするものや、大宝二（七〇二）年の遣唐使で日本という国号を唐に示したとするのもある。そこでは、制定と使用という場面がはっきりと区別されていないという印象を受ける。教科書は近年の国号論の成果を簡潔に記述したということであろうが、まだ日本号に関してはその結論は明確になっていないというべきであろう。国号が明確に結論できないのは、おそらく正史『日本書紀』に日本の国号について何らの記述がないこともあろうが、それはより根本的には中国とは違った日本の古代の歴史事情にあると考えられる。

中国は周知のように王朝交替の繰り返された国であり、王朝名がはっきりしているのでわかりやすい。また、自分の国を中国・中華・華夏《かか》ともよぶ漢民族中心の文化的な概念もあって、これは紀元前十一世紀の周《しゅう》の成王の時の青銅器の銘文にすでに「中国」名は出現しているという（葛・二〇〇五）。

わが国の国名（号）を考える場合、「日本」号の前に「ヤマト」「倭」という呼称を考えなければならない。そのため迂回した形となるが、古代国家形成の事情を見極める必要がある。

図１　環日本海諸国図

富山県提供。なおこの地図は、富山県が作成した地図を転載したものである（平６総使第76号）。

列島の位置と文化の終着駅

日本列島はアジア大陸から海をもって隔てられた辺境の島国であって、それは弓状になってアジア大陸に寄り添う形で位置している。これは昔から人口に膾炙《かいしゃ》されているような「四方を海に囲まれた島国」という言い方とは違っている。日本列島の東側（外側）―太平洋側は後背地をもたず広大な海洋が広がる閉ざされた空間であった。しかし、西側（内側）は大陸に向かって開かれている。いわば日本列島は「一方にのみ開かれた国」であった。この点は、大陸側から日本列島をみるとよくわかる（前ページ図1の富山県が作成した「環日本海諸国図」参照）。日本列島は大陸の人々や文物が到達するターミナル、すなわち終着駅であり、大陸の人々にとっては蓬莱山《ほうらいさん》（神仙郷）であったり、常世《とこよ》国であり、ユートピアを求める気持ちを湧き起こさせる列島であったろう。アジア大陸から日本列島をみると、意外なことに朝鮮半島と北九州の連絡ルートばかりでなく、北のサハリン（樺太《からふと》）から北海道へのルートも容易で、そのルートはかなり重要であったことが地図上からはわかる。網野善彦《あみのよしひこ》のいうように、日本海はまさしく日本湖といわれるような巨大な湖のようである。さらに忘れてはならないのは、鹿児島県の種子島《たねがしま》・屋久《やく》島の南、南西諸島（トカラ―奄美《あまみ》―沖縄―先島《さきしま》諸島）の黒潮ルートによる華南・東南アジア・南方の島々とのつながりであろう。もっとも、華南（江南）と日本列島のつながりは、華南の地から海路もしくは内陸水路を北上し、山東半島から朝鮮半島の南西部を経て北九州へ到着する稲（弥生文化）のルートも指摘されているから（池橋・二〇〇八）一つにのみルートを限定する必要はない。日本は決して閉ざされた島国なのでなく、一方にのみ開かれた列島として大陸の歴史・文化を共有できる位置にあった。いわばわが国は、圧倒的な形で大陸の文化（文明）を受けて成長していったのであるが、その列島の性格上（後背地をもたず、東側は閉ざされている）、すなわちそこが終着駅であるということもあって、その文化はそこに滞留し、堆積し、重層化していったのである。

日本民族・日本人とは

かつて加藤周一は、日本文化を雑種文化と規定した。それは、日本文化は根っ子や幹の部分から雑種なのであって、枝・葉の部分の問題でないと指摘したが（加藤・一九七四）、われわれは根源にさかのぼってわが国に純粋な固有なものを探し求めてもすでに根本から雑種であるということである。これは、日本人種論についてもいえることであって、われわれの祖先（倭人―日本人）は、北方のサハリンから北海道を経て、南方から黒潮にのって、大陸―朝鮮半島を経て、さまざまなルートを通して長い年月をかけて流入し、列島内で混血し、日本人を形成していったのである。益田勝実は、かつてわれわれ日本人（日本民族）を河川をぐんぐんさかのぼって清い渓流に住みついて大海に戻る術《すべ》を忘れたイワナやヤマメなどの淡水魚（陸封の魚）にたとえたが、まさしくわれわれはそうした歴史的存在としてこの日本列島内に生き生活している（益田・一九六八）。したがって、あえて日本民族・日本人を規定するとすれば、この列島内で歴史的に形成されて生きてきた人々、また生きている人々のことだということができる。血の問題なのではない。

中国文明と漢字の伝来

漢字の伝来

わが国がみずからの国家形成の道を歩み始めた弥生《やよい》後期（紀元後五七年の倭奴国王《わのなこくおう》の後漢《ごかん》への遣使が一つの目処《めど》）、すでに中国文明の影響下にあった。その出発点となるのは、前漢武帝《ぶてい》による朝鮮半島への四郡設置（真蕃《しんばん》郡・臨屯《りんとん》郡・玄菟《げんと》郡・楽浪《らくろう》郡、紀元前一〇八年）であって、とくに楽浪郡（現在の平壌付近）の設置は、朝鮮半島のみならず日本（とくに北九州）にも政治的・文化的な影響力を及ぼしていった。その一つに漢字の伝来の問題がある。四郡設置後、まもなく漢字は圧倒的な勢いをもってわが国にも流入してきたはずである。その「漢字の世界」は、まず外交・往来の場を通して拡大していった。『後漢書《ごかんじょ》』倭伝には、五七年倭の奴《な》国の遣使がみえるが、使人はみずから大《たい》

（印面）　（全体）
図２　金印「漢委奴国王」（福岡市博物館所蔵）

夫《ふ》と称し、後漢の光武帝から印綬《いんじゅ》（金印紫綬《きんいんしじゅ》）を賜ったとある。この金印には「漢委奴国王《かんのわのなこくおう》」という印文が刻まれていた。それは江戸時代、天明四（一七八四）年になって博多湾の志賀島《しかのしま》から発見された金印から判明した。中国の卿《けい》・大夫・士という身分呼称を知っていたし、印章の文を理解できる人々が倭国にもいたのである。そうした「金印」の背後に広がる文字の世界は、外交の場では国書の存在も含めてもっと拡大して理解してよいだろう。

文字世界の拡大

次の『魏志《ぎし》』倭人伝になると、そのことはいっそう明瞭になる。そこでは、伊都《いと》国の津で倭王と魏・帯方《たいほう》郡との間の往来の際、文書や下賜《かし》物などがチェックされたとする。それは、魏・帯方郡との間だけでなく、諸韓国（馬韓《ばかん》・辰韓《しんかん》・弁韓《べんかん》）との間でも同じであった。また、卑弥呼《ひみこ》の景初三（二三九）年の遣使に対しては、皇帝から女王の卑弥呼に対して「親魏倭王《しんぎわおう》」の称号や金印紫綬が与えられた。翌年、帯方郡の太守弓遵《きゅうじゅん》は梯儁《ていしゅん》を遣わして、詔書・印綬を奉じて倭女王のもとにやってきている。これに対して、卑弥呼は使者に託して上表文を奉り、答礼の謝辞を述べた。また、正始八（二四七）年の女王卑弥呼と男王の狗奴国《くなこく》との争いに際して、帯方郡太守王頎《おうき》は張政《ちょうせい》を遣わしてきて、詔書・黄幢《こうどう》を難升米に拝仮せしめ（受け取らせて）、檄《げき》をつくって、告喩している。

いわば倭国―帯方郡―魏の間には、詔書や上表文・檄文を理解できる人々、すなわち漢字・漢文を理解できる人々が広範に存在していたのであって、漢字・漢文なしでは外交―交易は無理であったろう。さらに『魏志』倭人伝をみると、「大夫《たいふ》」「一大率《いちだいそつ》」「刺史《しし》」「郡《ぐん》使《し》」などの中国風の官職・称号がみえるから、そうした官職・称号の世界を理解できる人々がいたはずである。

こうした外交関係を通じての文字世界の拡大の成果は、五世紀の倭王武《ぶ》（雄略天皇）の有名な上表文（『宋書《そうじょ》』倭国伝、昇明二〈四七八〉年）によくあらわれている。この上表文には、『春秋左氏伝《しゅんじゅうさしでん》』『毛詩《もうし》』『荘子《そうし》』『尚書《しょうしょ》』『書経《しょきょう》』など中国の古典が随所に引用されていて、漢籍に習熟した文章が綴られていることはよく知られている。そして、五世紀代には確実に漢字を利用してわが国の言葉・思想を表現できるようになっていったのである（その実例は稲荷山《いなりやま》古墳出土鉄剣銘・江田船山《えたふなやま》古墳出土大刀銘）。

以上の文字の伝来とその世界の拡がりはかなり急速なものがあり、わが国はみずからの文字をもつ前にすでに中国の表意文字である漢字の世界の中におり、その漢字・漢文を自由に理解できる段階があって、次にその漢字を借りて自分たちの言葉や思想を表現するようになっていったことは必然的なものであったろう。このことをわが国の国名について考えれば、わが国本来の固有の国名である「ヤマト」という言葉を中国人がわが国をよんだ対外的呼称としての「倭」（ワ・イ）という漢字を使って表現するようになったことであり、逆にいえば、「倭」という漢字（対外的呼称である）を「ヤマト」という訓読みで利用できるようになったということである。それは、国内的呼称「ヤマト」と対外的呼称「倭」の乖離《かいり》であり、漢字と固有の言葉との齟齬《そご》の問題でもある。

倭と倭人

そこでヤマトと倭―倭国との関連であるが、それはわが国の国家形成史の問題とからんでくる。まず、倭・倭人からみておこう。

〝倭〟は、〝わ〟または〝ゐ〟と読みならしているが、それはまず種族的な集団としての倭人としてあらわれてくる。『山海経《せんがいきょう》』第十二「海内北経《かいだい》」の条に「鉅燕《きょえん》は東北隅にあり。

蓋《がい》国は鉅燕の南、倭の北にあり。倭は燕に属す」とある。『山海経』は現存最古の中国の地理書といわれているもので、戦国時代末から前漢初頭の作と考えられている。作者は不詳である。鉅燕は大きな燕という意味で、中国東北部（河北《かほく》省北部）にあった戦国七雄の一つである。蓋国は濊《わい》国であって、朝鮮半島の北部にあった。地理的には濊（蓋）が燕の南、倭の北にあるとすると、倭は日本列島であってもよいが、朝鮮半島の南にあって燕に属していたという可能性もある。『論衡《ろんこう》』（後漢の王充《おうじゅう》〈二七～九七〉）の巻八「儒増篇」には「周の時、天下太平、越裳白雉《えつじょうはくち》を献じ、倭人鬯艸《ちょうそう》を貢す」、同じく巻十九「恢国《かいこく》篇」に「成王《じょうおう》の時、越常（裳）雉を献じ、倭人暢《ちょう》を貢す」とある。成王は周の王で紀元前一一一五～一〇七九年の人。周の時代のことであるからその確かさは保証できないし、それが日本列島内の倭人をさすかもはっきりしない。ただ近年（二〇〇三年）、弥生時代の開始を従来の通説であった紀元前四〇〇～五〇〇年より五〇〇年さかのぼらせて、紀元前十世紀の周初の時代に編年する見解が国立歴史民俗博物館から提起されて話題をよんだ。この見解は反対の議論もあってまだ確定したものになっていないが、C^{14}（放射性炭素年代測定法）という科学的な分析によって支えられているので注目される。これが認められると、倭人の活躍の場は日本列島内に限定されない拡がりをもってくる。

魚豢《ぎょかん》撰『魏略』逸文（張楚金撰『翰苑《かんえん》』所引）に、倭人はみな文身《ぶんしん》しているとして「その旧語（伝説のこと）を聞くに太伯の後裔と自らいう」とある。太伯（泰伯）は春秋呉国の始祖とされている人物である。周の太王（古公亶父《ここうたんぽ》）の長男太伯は父の後継が末弟の季《き》歴《れき》にあることを知って、弟の仲雍《ちゅうよう》とともに荊蛮《けいばん》（江南）の地に逃げ去り、その地の風俗である断髪文身をしてその地の君主として推挙されたという伝説を伝えている（『史記』呉太伯世家）。この呉の国は江蘇《こうそ》省から浙江《せっこう》省の揚子江《ようすこう》下流にあった。

近年、稲作発祥の地は雲南《うんなん》省—アッサム盆地にかわって、江南の地、長江《ちょうこう》（揚子江）流域説が有力となっている。わが国への稲作伝来については、江南の地の水人（漁師）が舟を巧みにあやつって、長江→山東《さんとう》半島→朝鮮半島南西部→北九州のルートで稲を運んできたのではないかといわれており、徐福《じょふく》伝説のある山東半島がその中継基地として注目されている（池橋・二〇〇八）。

『史記』始皇本紀によると、紀元前二一九年、秦《しん》の始《し》皇帝は山東半島の沿岸琅琊《ろうや》山で道《どう》教《きょう》の方士徐福に会った。皇帝の命令で徐福は男女数千人をともなって蓬萊《ほうらい》・方丈《ほうじょう》・瀛《えい》洲の三神山に向かった。徐福は三神山の僊人《せんにん》（仙人）の住む島で不老不死の薬を求めてくるように命ぜられたのである。

また、春秋戦国時代の呉《ご》と越《えつ》の戦いは有名であるが、紀元前四七三年呉王夫差《ふさ》を滅ぼした越王勾践《こうせん》は、前四六八年には北上して山東半島の琅琊の地に拠点を移した（遷都）といわれており、呉・越（江南）と山東半島のつながりは歴史的にも地理的にも深いものがあった。

この点では時代は下るが、五世紀の倭五王の時、五王の南宋朝貢のルートは、朝鮮半島の南西海岸から山東半島を経て、宋の都建康（現在の南京《ナンキン》）に至るものであった。九州から一気に東シナ海を横断して江南の地をめざすルートも考えうるが、当時の航海術では無理であったろう。やはり、山東半島が重要な中継地点になる。具体的には朝鮮半島の西海岸を北上し、黄海《こうかい》を横断し、山東半島の北岸東萊あたりから山東省・江蘇省の内陸水路（河川）を経て江南へいくルートである。ただ、山東半島は四六九年には宋に敵対する北《ほく》魏《ぎ》に制圧されてしまい、倭王武の場合の遣使は、北魏に捕捉されないようできる限り沖合を山東半島に沿って南下し、宋朝版図の最北端となった山東半島の鬱州《うつしゅう》（現在の連雲港《れんうんこう》）に至って、その後、内陸河川を経て建康に至ったと考えられている（川本・一九九二）。

倭人は、『魏志』倭人伝では水人（海人）として断髪文身している習俗が記述されており、それが倭人の国を中国の会稽東冶《かいけいとうや》の東にありとする根拠となっている（現在の浙江省から江蘇省にかけて会稽郡があった。東冶は現在の福建省閩侯県《ふっけんしょうびんこうけん》付近)。稲作文化という視点でみるとき、江南の地は稲の文化伝来の出発点であり、倭人もまたその江南と無関係でありそうでもない。すでにみた『論衡《ろんこう》』では、ベトナムの越裳《えつじょう》が白雉《はくち》を献上し、倭人が暢《ちょう》草《そう》を献じたとある。暢草は酒に香りをつける鬱金《うこん》で、江南から南に産するという見解(杉本・一九八二)を参照すると、これは倭人を越とならべて呉越地方に関係がある種族的集団と考えられる文献となる。こうした倭人―水人―稲作という視点、そして、稲作文化の江南→山東半島→朝鮮半島南西部→北九州の伝来ルートのラインに倭人が日本列島を超えて存在分布していたという見解が提示されうる。稲作の開始が紀元前十世紀にさかのぼったということによって倭人の存在は世界史的に拡がったといえよう。

列島に限定できない倭人

以上みてきた見解は、もちろん臆測の域を出ないものであるが、確かなものとしては、後漢の班固《はんこ》(三二〜九二)撰『前漢書《ぜんかんじょ》』地理志、燕地の条に「楽浪海中に倭人あり、分れて百余国となる。歳時《さいじ》を以て来り献見すという」とある。いわば、前漢武帝による楽浪郡の設置(紀元前一〇八年)が倭人が世界史(東アジア)に登場するきっかけをなしたのである。ここでは楽浪郡の海中とあるから、日本列島の倭人をさしているとみてよい。次に『後漢書』倭伝では、五七年の倭奴国の奉貢朝賀、一〇七年の倭国王帥升《すいしょう》らの遣使がみえる。前者の奴国は北九州の博多付近の国、後者の倭国王は伊都国を中心とした政治的統一体、もしくは連合体の盟主と解釈しておく。考古学の方からは、福岡県前原市《まえばるし》の三雲《みくも》遺跡や平原《ひらばる》遺跡の王墓クラスの甕棺墓《かめかんぼ》や方形周溝墓《ほうけいしゅうこうぼ》は「伊都国王」の存在を示すとみられている。

以上からは楽浪郡設置以後、倭人が急速に政治社会を建設していく様子がうかがえる。ところで史料的価値に関しては議論が必要であるが、『三国史記』新羅本紀《しらぎほんぎ》の倭関係記事が注目される。佐伯有清《さえきありきよ》の編訳による『三国史記倭人伝他六篇』が岩波文庫本として刊行されているが、それによると新羅本紀の倭関係記事は五九箇条、日本関係記事は一四箇条、あわせて七三箇条にのぼるという（佐伯・一九八八）。『三国史記』は朝鮮の現存する最古の史書で、一一四五年に金富軾《きんふしょく》らが編纂したもので、三国とは新羅・高句麗《こうくり》・百済《くだら》の三国である。戦前は『三国史記』は十二世紀の編纂ということもあって、あまり利用されなかったものであるが、戦後、とくに近年は『日本書紀』批判に利用されるという印象が強い。

問題となる新羅本紀の倭関係記事は、始祖赫居世《かくきょせい》八年（紀元前五〇年）の「倭人、兵を行《つら》ねて、辺を犯さんと欲す。始祖の神徳有るを聞きて、乃《すなわ》ち還《かえ》る」から始まっており、とくに新羅への襲撃記事が目立つ。それらの記事を年表にしたものを佐伯有清の作成表に従って次ページ以降に表1として提示する（ただし、四世紀までにとどめた）。

この年表をみると、倭人・倭兵の襲撃記事と、倭国・倭王の通交・外交記事の二つのパターンの異なった記事に分けることができる。この両者のパターンの違いは、系統を異にする史料によって生じたものとみる考え方があるが、倭人・倭兵と倭国とを実態を異にするものとみることはできないだろう。ただ、倭人はかならずしも日本列島に限定できぬ存在であったことは、新羅本紀からうかがえる。この新羅本紀の倭関係記事に関しては、三《み》品彰英《しなしょうえい》の史料批判がある。

三品は、これらの記事で史料批判に耐え得るのは四世紀後半の奈勿王《なもつおう》からの記事で、それより以前に関しては紀年にとらわれなければ三世紀前半の助賁王《じょふんおう》まではある程度の利用が可能であるが、それ以前になるとまったくの伝説時代であるとされている（三品・一九六二）。四世紀後半の奈勿王以降の倭王・倭国は明らかにヤマト政権とみてよいが、それ以前の倭国・倭王をどう考えるかは邪馬台国《やまたいこく》論も含めて難題である。

倭人・倭兵の襲撃記事をみると、「東辺」を侵すとするものが多く、侵入の時期も夏四・五月が常であったことから、かつて中田《なかた》薫《かおる》は東南風の吹きまわる四・五月ごろ、旧

表1　朝鮮三国・倭・日本関係年表

西暦	新羅王年代	事項
前　五〇	赫居世　八	倭人、兵をつらね辺を犯そうとする
〃　二〇	〃　三八	瓠公、馬韓王に卞韓・倭人など新羅に畏懐していることを説く、瓠公、もと倭人という
後　一四	南解王　一一	倭人、兵船一〇〇余艘をもって海辺の民戸を襲う
五九	脱解王　三	倭国と結好する
七三	〃　一七	倭人、木出島を侵す
一二一	祇摩王　一〇	倭人、東辺を侵す
一二二	〃　一一	倭兵、大いに来ると都の人、訛言する
一二三	〃　一二	倭国と講和する
一五七	阿達羅王　四	延烏郎、東海で採藻中、一巌（あるいは一魚）が、背負って日本に送る。日本国人、異常の人として王に立てたという
一五八	〃　五	倭人、来聘する
一七三	〃　二〇	倭の女王卑弥呼、使者を遣わす
一九三	伐休王　一〇	倭人、大いに飢えて、食を求めて来る者、一〇〇〇余人

二〇八	奈解王	一三	倭人、国境を犯す
二三二	助賁王	三	倭人、金城を囲む
二三三	〃	四	倭兵、東辺を侵す。于老、倭人と沙道で戦う
二四九	沾解王	三	倭人、于老を殺す
二五三	〃	七	于老、倭国の使臣葛那古に戯言する。倭王、将軍于道朱君を遣わして新羅を討つ。于老、倭軍のもとに至り弁明する。倭人、于老を捕えて殺す
二六二～二八三	未鄒王の時代		倭国の大臣、来聘する。于老の妻、倭の使臣を饗し、焚殺して報復する。倭人、金城を攻める
二八七	儒礼王	四	倭人、一礼部を襲う
二八九	〃	六	倭兵、至るという
二九二	〃	九	倭兵、沙道城を攻め落とす
二九四	〃	一一	倭兵、長峯城を攻める
二九五	〃	一二	倭人、しばしば城邑を犯すという
三〇〇	基臨王	三	倭国と交聘する
三一二	訖解王	三	倭国王、使者を遣わし、子のために婚姻を求める
三四四	〃	三五	倭国、使者を遣わし、婚姻を請うも、断る

三四五	〃　三六	倭王、移書して絶交する
三四六	〃　三七	倭兵、風島に来襲し、辺戸を抄掠し、さらに金城を囲む
三六四	奈勿王　九	倭兵、大いに至る。倭人、衆を恃んで直進する。倭人、敗走する
三九〇	〃　三六（『三国史記』の年紀では三七年）	倭王、使者を遣わし、美海（未斯欣）を派遣するように要請する。王、美海を倭に送る（註　当該記事は『三国遺事』によるもので、そこでは那密王〔＝奈勿王〕即位三十六〔三九〇〕年庚寅となっている）
三九三	〃　三八	倭人、金城を囲む。独山に追い、挟撃して大いに敗る

（註）佐伯有清編訳『三国史記倭人伝他六篇』の「朝鮮三国・倭・日本関係年表」より、上段の新羅と倭関係の事項のみを掲げた。また月数・記事番号などは省略した。

出雲《いずも》航路（対馬《つしま》暖流と朝鮮寒流を横ぎって北進する）によって、「迎日湾」に上陸して南下していったと考え、その基地を出雲・対馬と推察した（中田・一九五八）。ただ、南辺からもわずかであるがみえ、『書紀』では逆に梁山《りょうざん》方面からのものが主であるから、加羅《から》（金官）を基地とするものが多かった。一方、木下礼仁《きのしたれいじん》は倭人と倭国はいちおう区別される存在として、倭人の居住地を「洛東江下流の右岸一帯と対馬を限界とする半島の東南海辺部一帯とする」と考えている（木下・一九八二）。この木下説は反対も多いが、『三国遺事』

に新羅の善徳王五（六三六）年、慈蔵法師が唐に留学して国のことを聞かれたとき、「我が国、北は靺鞨《まつかつ》に連なり、南は倭人と接す……」と答えたとある。「接す」とあるのを「陸続き」と解釈してしまうのは短絡すぎるという意見もあるが（佐伯・一九八八）、中国側の史料である『後漢書』韓伝には、韓には馬韓・辰韓・弁辰の三種があり、馬韓には「其《そ》の北は楽浪と、南は倭と接す」とあり、弁辰についても「其の南また倭と接す」とある。同じく『魏志』韓伝で「韓は帯方の南に在り、東西は海をもって限りとなし、南倭と接す、方四千里ばかり、三種ありて、一を馬韓といい、二を辰韓といい、三を弁韓という」とあり、弁辰の条で、弁辰十二国のうちの「瀆盧《とくろ》国は倭と界を接す」とある。さらに『後漢書』韓伝の辰韓の条で、「国に鉄を出し、濊・倭・馬韓みな従って之を市《あきな》す」、『魏志』弁辰伝の条でも「国鉄を出す、韓・濊・倭みな従ってこれを取る」とある。

以上の史料は、倭・倭人を朝鮮半島の東南部の海辺一帯に限定する理由にはならないにしても、そこにも倭人が居住していたというような口吻《こうふん》が感じられるのである。

なお、倭人・倭兵の襲撃を倭寇《わこう》的な海賊集団の行為とする見解もあるが、伝説時代はともかく、しばしば慶州の宮都金城を囲むことがみえ、王が前面に出て倭兵を撃退している。また、五世紀になると倭兵の襲撃記事はぐんとふえ、「兵船百余艘を以て東辺を襲い、進みて月城（慶州の王城）を囲む」（新羅本紀、慈悲王二〈四五九〉年四月条）、「倭人、襲いて活開城を破り、人一千人を虜にして去る」（同紀、同王五〈四六二〉年五月条）などとあり、海賊集団とは到底思えぬ記事がみえる。

以上、倭人・倭と倭国の関連史料をみてきたが、倭・倭人というとき、それは外国からみた種族的呼称として政治的権力体としての倭国・倭王と即一致しない拡がりをもっていることが確認できたと思う。

邪馬台国とヤマト王権

二つのヤマト

一方、ヤマトの出現は難解である。ヤマトとは地名であるが（山門・山処・山外などの意味がある）、そこに政治権力が樹立されたことによって政権の名前になっていく。ヤマト政権・ヤマト王権・ヤマト国家・ヤマト朝廷などと一般的によばれている。

日本の国家形成上、ヤマト政権が登場するのはいつごろであろうか。これは邪馬台国《やまたいこく》論争ともからんでくる。『魏志《ぎし》』倭人伝《わじんでん》の「邪馬台国」は、「ヤマト国」の漢字表記であるから、現在のところ紀年の確定できない『古事記』『日本書紀』のヤマトをひとまず考慮の外におくと、この『魏志』倭人伝がヤマト政権のことを考える最初の史料になる。邪馬台国の所在地は、九州説ではのちの令制《りようせい》の行政区画の筑後《ちくご》国山門《やまと》郡山門郷から南の肥後《ひご》国菊池郡山門郷がいちおうの目処《めど》となる。畿内説は、令制国の倭《やまと》国（のち大和国）の一画である。ともかく、邪馬台＝ヤマトとある以上、九州か畿内の大和国のどちらかであろう。

ここで邪馬台国論争にふみこまざるをえない。詳細は、拙著の「邪馬台国と女王国」「続・邪馬台国と女王国」（小林・二〇〇六）を参照してもらいたいが、筆者の見解では、邪馬台国と女王国を別個のものとして分離する。すなわち、日数距離（伝聞記事）で表記された邪馬台国と里数距離（魏使の実見した記事）で示された女王国とは別の主体者と考える。邪馬台国とは大和国（倭）（奈良県）の内のヤマトであり、現在の考古学の成果によると、纏向《まきむく》遺跡の展開する三輪山《みわやま》の西麓がその宮都ということになろうか。一方、女王国は北九州のヤマト国で、具体的には先にみた筑後国山門郡山門郷〜肥後国菊池郡山門郷の地であるが、この山門は、『書紀』神功《じんぐう》皇后摂政前紀に「山門県」とみえるから、大化前代にさかのぼるヤマト王権にとって重要な拠点であったろう。三世紀代の九州のヤマトと令制の山門郡・山門郷とのエリアがどう重なるのか不明であるが、考古学の成果もふまえて推測すると、女王国のあったヤマト国は、北の筑後川・矢部《やべ》川、南の菊池川流域の範囲内であったろう。卑弥呼《ひみこ》の女王国とは、このヤマト国を盟主国として、北の対馬《つしま》・壱岐《いき》・末盧《まつろ》・

伊都《いと》・奴《な》・不弥《ふみ》国の七ヵ国連合の政治的統一体（連合国家）であった。卑弥呼は北九州のヤマト国を出自とする女性司祭者（司祭王家の出身）で七ヵ国連合の盟主として、さらに周辺国を統轄する君主として魏王朝から倭国の女王（倭女王）として認知されたのである。卑弥呼は、後漢《ごかん》時代の倭奴国王、倭国王帥升《すいしょう》の朝貢体制を引き継ぐ伝統的神聖王権であった。

畿内の邪馬台国

一方、『魏志』にみえる邪馬台国は畿内のヤマトに拠点をおき、女王国とは対照的に男王をいただく新興国であった。この新興国は前方後円墳を発展させた国である。

三世紀代は、この他に女王国の南の狗奴《くぬ》国（球磨《くま》川流域を中心とする熊襲《くまそ》の地か）があって、女王国と対立しており、三つの主要な政治勢力が拮抗―併存していたと考えられる。

このあたりの政治史はまだまだ確定できないところが大きく推測の域を出ないが、いちおうの筆者の見通しを示しておくと、この三つの政治勢力のうち二つが三世紀代にヤマト（北九州と畿内大和）を拠点としていたとみれば、二つのヤマト勢力は偶然同じヤマトの地に発生したものなのか。両者の関係性はあるのか。筆者の古代国家形成史の構想では橋本《はしもと》増吉《ますきち》の見解（橋本・一九五六）を参照して、二世紀後半の倭国の動乱の際、すなわち卑弥呼共立の前夜、女王国連合の盟主国となったヤマト国内の一派が女王擁立に反対して（『魏志』倭人伝には「其《そ》の国〈倭国〉、本亦《もとまた》男子を以て王と為し、住《とど》まること七・八〇年、倭国乱れ相攻伐すること、歴年、乃《すなわ》ち共に一女子を立てて王と為す。名づけて卑弥呼と曰《い》う」とある）、畿内に移動して一つの政治勢力を樹立したと考える、それが畿内ヤマトの邪馬台国である。

「邪馬台国」という表記は、『魏志』倭人伝の中にただ一箇所だけ登場する。問題の箇所は、邪馬台国へ至る道順を示した中で「南、邪馬壹《（台）》国に至る、女王の都する所、水行十日陸行一月……」とある部分である。邪馬台国とは、畿内の邪馬台国であったものを、『魏志』の編者陳寿《ちんじゅ》が複数の史料群から九州の女王国の「ヤマト」と推定して表記したものである。陳寿は、女王国という普通名詞の国の固有名詞（実態）を求めて、伊都国→投馬《つま》国（出雲もしくは吉備《きび》）→邪馬台国の日程記事中の「邪馬台国」に気づいたはずであり、「女王の都する所」＝女王国を「邪馬台国」と考えたわけである。それは西晋《せいしん》の著作郎陳寿（二三三〜二九七）の机上に複数の資料が存在していたことによる。すなわち、次ページの図3にみるように、帯方《たいほう》郡から伊都国までの一万五〇〇〇里、伊都国の南一五〇〇里の女王国（「郡より女王国に至る万二千余里」とある）と、伊都国（もしくは不弥国）から水行二十日の投馬国、さらに投馬国から水行十日・陸行一月の邪馬台国（伝聞記事）の二つの資料群を前にして、Aの女王国をBの邪馬台国と同一のものと理解したのである（その際、女王国をヤマト国とみる何らかの材料があったのかもしれない）。

少々複雑な邪馬台国論となったが、「ヤマト」の「ト」については、奈良時代の上代特殊仮名遣いでは八母音説に立って、北九州の山門の〝門〟（tō）と、邪馬台の〝台〟（tö）は、前者は甲類、後者は乙類で発音が異なるとする見解は邪馬台国畿内（大和）説に有利なものになっている（大和は『記紀』に耶麻騰・夜麻登・夜摩苔などとしており、いずれも騰・登・苔は乙類のtöで邪馬台の台〈tö〉に合致する）。この点については筆者に定見はないが、八世紀、奈良時代の八母音説を三世紀までさかのぼらせることへの問題点や魏晋《ぎしん》時代

図3　帯方郡より邪馬台国・女王国へのコース

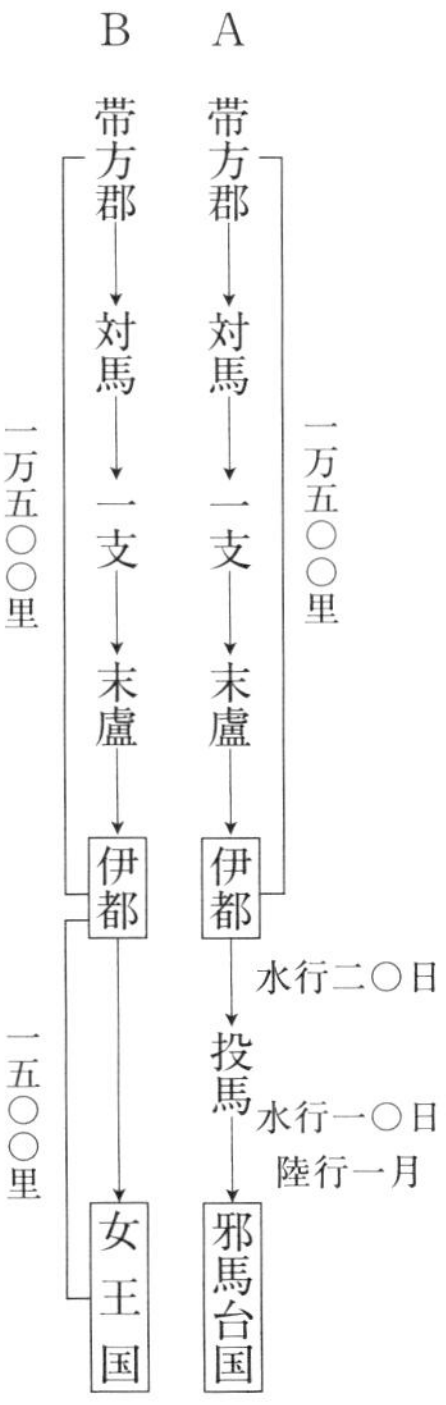

の中国人による倭人の言語の表記の問題がある。また近年、上代特殊仮名遣いから八母音説を導き出すことに反対する五母音説の意見も無視できなくなってきており（木田・一九八八、松本・一九九五、藤井・二〇〇七）、今はこの〝ト〟にあまり拘泥するのも生産的でない。

畿内ヤマトの位置

こうした三つの政治勢力が一元化されるのはいつごろか。女王国の南にあって、女王国と敵対関係にあった狗奴国は、のち熊襲という形でヤマト王権に服《まつろ》わぬ異族として『記紀』（景行《けいこう》天皇、仲哀《ちゅうあい》天皇の時代）に登場する。熊襲は南九州の肥後国球磨郡・大隅国贈於《そお》郡のクマとソの合称と理解しておく。一方、女王国は不明であるが、あえて臆測をまじえることになるが、神功《じんぐう》皇后が山門県に巡行しそこで土蜘蛛《つちぐも》田油津媛《たぶらつひめ》と兄夏羽《なつは》を誅《つみな》う話がみえる（『書紀』神功皇后摂政前紀）ことに注目したい。このヒメ・ヒコの田油津媛・夏羽が女王国の末路を示す姿なのかもしれない。この場合、山門県とあり、この地が大化前代にさかのぼるヤマト王権の重要な拠点であったことは間違いない。

『記紀』によれば、わが国の建国物語は、高天原の天神天照大神・タカミムスビノ尊《みこと》の指令によって、皇孫ニニギノ尊が日向《ひゅうが》の高千穂《たかちほ》峰に天降《あまくだ》ることに始まり（その前提に天神への出雲国の国譲りの話があるが、皇孫は出雲へ天降ることなくして日向へ天降る筋となっている）、ニニギノ尊―ホホデミノ尊（山幸彦《やまさちひこ》）―ウガヤフキアエズノ尊の日向三代を経て、皇統譜の初代神武天皇の登場となる。神武天皇はカムヤマトイワレビコといわれており、東方に都の地を求めて日向の高千穂宮を出発し、倭国造《やまとのくにのみやつこ》の祖である槁根津日子《さおねつひこ》に海道案内されて難波《なにわ》の津に入っている。そして、大和国内の服《まつろ》わぬ異族を征討し、即位したのは畝傍《うねび》山の東南麓の橿原《かしはら》宮であった。この地は本来のヤマト（狭義のヤマト）とは区別される葛城《かつらぎ》の地に近接する地である。令制国の大倭国《やまと》（奈良県）の成立する以前の本来のヤマト（狭義のヤマト）がどの地域を示すかは種々見解が出されている。橋本増吉は、磐余《いわれ》地方を中心とし、現在の高市《たけち》・磯城《しき》両郡の各一部を統括した地に過ぎなかったとする（橋本・一九五六）。直木孝次郎《なおきこうじろう》は、磯城・十市《といち》両郡を主とする地域（直木・一九七五）、和田萃《わだあつむ》は、初瀬川・寺川・纏向《まきむく》川の流域で三輪山と天香久山《あまのかぐやま》を結んでできる範囲が第一次的ヤマトであり、その内には磯城・磐余・十市が含まれる、さらに第二次的には北方の大和（オオヤマト）・石上《いそのかみ》などの地域が含まれるとしている（和田・一九七九）。また大和岩雄《おおわいわお》は、三輪山と香具《かぐ》山・畝傍山・耳成《みみなし》山の三山を結ぶ範囲とみて、その中心地はシキ（現在の奈良県桜井市金屋《かなや》付近）としている（大和・一九九六）。四者の見解はそう大きな食い違いはなく、本来のヤマトは令制の磯城郡・十市郡とみるのは間違いないであろう。

以下、このことを史料の上でみておこう。奈良盆地（令制国の倭《やまと》＝大和国）内に倭国造と区別される葛城《かつらぎ》国造がいた（『書紀』神武天皇二年二月条）。また、『古事記』仁徳天皇段には、仁徳天皇の大后石之日売命《いわのひめのみこと》が山代《やましろ》より廻って那良《なら》の山口に至って、歌った歌詞が左のようにみえる。

つぎねふや　山代河を　宮上《のぼ》り　我が上れば　青土《あおに》よし　奈良を過ぎ、小楯《おだて》倭を過ぎ　我が見が欲《ほ》し国は葛城高宮　我家《わぎえ》の辺《あたり》

右の歌では、奈良―倭（ヤマト）―葛城が広義の令制国の大和国の内で区別されている。

さらに、『古事記』垂仁《すいにん》天皇段に曙立《あけたつ》王を讃美して「倭者《やまとは》、師木《しき》・登美《とみ》・豊朝倉《とよあさくら》・曙立王」と称えている。これは、倭《やまと》の内の中でも、とくに師木《しき》（磯城）、登美《とみ》（鳥見）・朝倉（豊は美称）の地を並列させて曙立王の称《たた》え名としたものだろう。いわば、本来のヤマト（狭義のヤマト）の中には、シキ・トミ・アサクラが重要な地としてあるということである。トミは鳥見山のある桜井市外山《とび》、アサクラは雄略天皇の宮が長谷《はつせ》朝倉宮として有名であるが、桜井市脇本遺跡からは五世紀後半の大規模な建物遺構が出土している。

さらに、神武天皇の名「カムヤマトイワレビコ」の名も落せない。イワレは宮名として

神功皇后の磐余若桜宮《いわれわかざくらのみや》をはじめとして履中《りちゅう》・清寧《せいねい》天皇の宮にもあらわれ、以下イワレの地は六世紀には飛鳥地方に宮が集中するまでの代表的な地であった。

さらに、初期ヤマト王権の宮名をみると、崇神《すじん》・垂仁天皇の磯城の宮、垂仁・景行天皇の纏向の宮が注意される。纏向は、三輪山の西麓に邪馬台国の宮都と目されている纏向遺跡がある。

以上、文献史料的には、本来のヤマトはシキ（桜井市金屋）を中核として、マキムク（桜井市太田）・トミ（桜井市外山）・アサクラ（桜井市脇本）・イワレ（桜井市阿部）を拠点とした地を含んでいたと考えられる。ただ、ヤマトをこの地域だけに限定する必要はないのであって、政治権力の領域としてはこの地域を含む周辺地域の一定の拡がりが予想される。

神武天皇のカムヤマトイワレビコは、こうしてみると、原形としてはイワレの首長ということであって、イワレの地がヤマトの内の一つの拠点になっているところをみると、イワレビコたる神武天皇は「カムヤマト」（カムは神）を付すことによって、ヤマト（狭義の）の王者となっている。そして、ヤマトをまとめあげて、葛城の地の入り口に橿原宮《かしはらのみや》を造り上げた人物という設定になっている。

このあと、いわゆる欠史八代（二代綏靖《すいぜい》天皇から九代開化《かいか》天皇までの八代）の天皇はほぼ葛城地域に宮や墳墓を造設しており、次の十代崇神天皇になると、転じて三輪山の西麓のシキ（師木・磯城）に宮を定める。この崇神の時代、『古事記』をみると、越国《こし》（北陸道）と東方十二道（東海・東山などの東国地方）・丹波《たには》（丹後を含む）への征討活動があって、崇神は「初国知らしし《はつくにしらしし》天皇《すめらみこと》」と称《たた》えられている。この崇神のとき、広義のヤマト国（のちの令制国の倭国《やまと》、すなわち奈良盆地全体）をおさえる政治権力が確立したということができる。

そして、その次の垂仁天皇の代には遠く出雲国まで征討活動が展開しており、次の景行天皇のときには英雄ヤマトタケル（本来の名は小碓命《おうすのみこと》）による九州の熊襲と東方十二道（常陸国を北限とする）への征討物語が展開する。ここで重要なのは、小碓命がクマソタケル兄弟を殺そうとしたとき、クマソタケルは小碓命に「西の方に吾《われ》二人を除きて建《たけ》く強き人無し。然《しか》るに大倭国に吾二人に益《まさ》りて建き男は坐《おま》しけり。ここをもちて吾御名を献らむ。今より後は、倭建御子《やまとたけるのみこ》と称《たた》ふべし」と言上したとある。これによって、ヤマト（大倭）国は英雄ヤマトタケルによって遠く九州まで鳴り響いたことがわかる。

次の成務天皇の代になると、国造《くにのみやつこ》や県主《あがたぬし》の設置があって国内の政治制度が確立し、次の仲哀天皇の代に朝鮮半島の新羅・百済への征討が神功皇后（オキナガタラシ姫）によってなされるということになる。建国物語は、ここで完結しているとみてよい。

以上、『古事記』によって、建国物語をみたが、それは、(1)狭義のヤマト（磯城・十市郡が中心）に覇権を確立した神武天皇、(2)広義のヤマト（令制国の大和国に相当する地域、すなわち葛城の地もおさえたヤマト）に覇権を確立した崇神天皇の時代を経て、(3)景行天皇の時代には南九州まで、そのヤマト（倭《》）の国の力が及んでいったのである。

女王国の末路

そこで、右の建国物語と三世紀の中国史書から知られた狗奴国・女王国の運命を摺《す》り合わせてみるとどうなるか。狗奴国がクマソであるとすると、景行天皇の代にはいちおうその支配下に入ったということになる。問題は女王国であるが、これは『記紀』からはうかがえない。すでにみたように、山門県の田油津媛と夏羽のヒメ・ヒコ勢力を女王国の末路の姿だと推測すると、女王国は畿内の邪馬台国の支配下に入る前に狗奴国によって滅ぼされたということも推測される。

『魏志』倭人伝には女王国と狗奴国との戦闘を伝えてはいるものの、その結果については述べていない。卑弥呼の死（二四八年ごろ）のあと男王を立てたが、「国中服せず、更々《こもごも》相誅殺し、当時千余人を殺す」とあって、卑弥呼の宗女壱与《いよ》（年一三歳）を立てることによって争乱は治まったのである。この壱与は、西晋の泰始二（泰初二）年に朝貢しており（『書紀』神功摂政六十六年の注、『晋書』武帝本紀泰始二年）、これを最後として、女王国は歴史の闇の中に消えてしまうのである。

　問題は、この『記紀』の建国物語がどの程度の史実を伝えているかである。この建国物語の一部が『宋書』倭国伝の倭王武の上表文にも確認される。

　封国《ほうこく》は偏遠《へんえん》にして、藩を外に作《な》す。昔より祖禰《そでい》躬《みずか》ら甲冑《かっちゅう》を擐《つらぬ》き、山川を跋渉《ばっしょう》し、寧《ねい》処《しょ》に遑《いとま》あらず。東は毛人を征すること五十五国、西は衆夷を服すること六十六国、渡りて海北を平ぐること九十五国……（以下、略）

　ここでは、五世紀後半の武（雄略天皇）からみた過去の父祖（祖禰）の建国物語が述べられている。雄略の時代すでに日本が「統一」されていたことが示されているが、これを『記紀』の建国物語と照合すると、ヤマトタケルの東西への征討物語と神功皇后の朝鮮出兵・三韓征討の物語と重なってくる。いわば、雄略の時代には、『記紀』にみる建国物語を大筋で共有していたということになる。

　ただ、右にみた建国物語は一人の英雄ヤマトタケルと一人の女性オキナガタラシヒメ（住吉《すみよし》大神の巫女《ふじょ》の面影が背後に認められる）によって物語られており、しかもその戦闘場面も多分に神話的であり、現実のリアリティー性はない。いわば、長い口承過程を経ることによって多分に物語化し、神話化されて史実との距離を失っている。したがって、実際に日本列島内の東西にわたっての征服戦争や朝鮮半島への出兵―征服がおこなわれたのかは白紙にもどして考えてみなければならないだろう。

五世紀後半の時点（雄略《ゆうりやく》天皇）で、ほぼ日本列島の東西がヤマト王権によっておさえられ、朝鮮半島南部に何らかの形で軍事的影響力をもっていたことは、『宋書《そうじょ》』倭国伝の倭五王の事蹟によって裏づけられる。しかし、それが『記紀』の建国物語や上表文にみるようなはなばなしい征服戦争や統一戦争の結果であったかどうかはあやしいのである。それは、王権による一つの総括された英雄物語にすぎないのではないか。そこでこのあたりを考えるものとして、三世紀中ごろに出現し、四・五世紀にかけて全国に展開した前方後円墳の体制をどのように歴史学上位置づけるかが重要であろう。

前方後円墳体制の位置

三世紀中ごろの初現期の古墳は箸墓《はしばか》古墳（全長二八〇メートルの前方後円墳）で、それはヤマトの纏向遺跡のエリア内にある。そして、この初現期の前方後円墳が瀬戸内（とくに吉備）から北九州に波及しており、邪馬台国畿内説の有力な根拠になっている。この波及は単なる推測の域にとどまるが擬制的同族関係にも

図4　箸墓古墳（奈良県桜井市所在）

とづく展開であったろう。

ところで、三世紀中ごろから五世紀にかけてヤマトそして河内の地が常に圧倒的に前方後円墳の規模が優位にたち、そこに政権もしくは王権が存在したという根拠になっている。すなわち、三世紀後半からの磯城・大和《おおやまと》古墳群、四世紀に入ると佐紀盾列《さきたてなみ》古墳群、そして五世紀に入ると誉田山《こんだ》・百舌鳥《もず》古墳群と、その巨大さで他の地域の有力首長層の前方後円墳を圧倒している。そこでヤマト・河内の政権を他の地域の有力首長層との政治関係をどうとらえるかが問題となる。過去には、前方後円墳の全国的波及を、即ヤマト政権の征服、統一への過程、したがってヤマト政権を専制国家（統一国家）ととらえる見解が強かったが、現在はそうした見解は影をひそめた。

現在、その政治的関係性は、

(A)　中央のヤマト政権の優位は認めるものの、各地域の主体性・独立性も認めて、各地域も一個の独立した地域政権とみて、多数の多元的な政権の併存を認める地域政権論（この政権を国家とみてヤマト国家―地域国家と規定するものもある）、

(B)　ヤマト・河内の政権と地方の有力首長との関係を同盟・連合関係とみて、ヤマト・河内政権の王も基本的には大首長とみる見方。これは、史的唯物論の部族連合（同盟）段階から国家段階へという発達段階説をふまえたもので、前方後円墳時代を基本的には部族連合（同盟）段階ととらえる。ただ近年は部族制ではなく、首長制論の立場から首長連合（同盟）とする見解も有力であるが、基本的には国家段階以前を強調する点では同じである。

(C)　(B)の国家論を批判する立場からだされたもので、前方後円墳体制にみる中央の統一

的政治秩序体制を初期国家・前方後円墳国家として認めようとする見解。

(D)筆者は、国家論としては(C)の立場を支持することもあって、これを人的結合国家と規定した。そこでは、中央のヤマト王権の王と地方の有力首長との関係は人格的に支配―隷属関係として結合されている。この場合、五世紀段階は倭五王の段階であるから王権でもよいが、四世紀段階を王権と規定するのは問題があるのではないかとする疑問はあろう。しかし筆者は、四世紀段階ですでにヤマト政権は全国的な規模で成立しており、その政権は対外的に外交権・交易権・軍事指揮権を統括する王権として機能していたと思う。アジア大陸からは海をもって隔てられ、辺境国として出発したわが国は朝鮮半島―大陸の圧倒的な文明力を吸収する形で出発したのであるが、そうした歴史的位置づけからいっても、わが国は早期の王権を必然としていたのである。

ところで、前方後円墳の全国的拡大にみる王と各地の有力首長との結合関係は、支配―従属関係を本質とするものの、それは、征服戦争の統一化によって拡がったものでない。またその前方後円墳も同盟・連合関係を結んだ双方の確認の構築物でもない。また、それはヤマト政権と無関係に構築されたものではない。人的結合国家にみる結合関係は、(A)独立の証しでもなく、(B)連合・同盟の証しでもなく、もとより征服―統一の証しでもない。

それは政治的・経済的基盤の弱かった有力首長が王に求心的に結合したものであった。

こうした前方後円墳体制というものが崩壊もしくは変化していくのは、六世紀以後である。(A)の地域政権・地域国家論と、(B)の部族同盟・首長同盟論は、六世紀以降を統一政権・統一国家の過程として語るのである。しかし、それは日本の古代国家形成の実情にあわない。四世紀代において、すでに全国的な規模でヤマト王権を中核とした政治的結合体が成立しており（前方後円墳体制）、六世紀以降（五世紀後半以降を含めてもよいが）統一戦争がおこなわれたとみなす材料はない。雄略没後の吉備氏を母にもつ星川《ほしかわ》皇子の乱や、継体朝の北九州の磐井《いわい》の乱をあげるかもしれないが、これらは吉備政権（国家）や北九州政権がヤマト政権によって打倒され統一化されたと解されるものでなく、それは文字通り反乱であって、四・五世紀の結合体制（人的結合国家）がそうした反乱をへて変質し、崩壊して新しい政治体制に移行していく過程の中で生じたものである。六世紀以降、部民制のいっそうの深化やミヤケの全国的設置により、七世紀には国造制を基本とする領域的国家体制が確立する。

以上、日本の古代国家形成史をまとめると、以下の四段階になる。

(1)　第一段階は、倭奴国から倭国王帥升を経て、邪馬台国―女王国―狗奴国に至る段階。

この第一段階には日本列島上に三つの政治的勢力が併存していた。

(2)　第二段階は、三一三・四年（高句麗による楽浪・帯方二郡の制圧）ごろを境にして、畿内のヤマト勢力が女王国・狗奴国を吸収して主要な勢力となった段階。

(3)　第三段階は、そのヤマト政権（邪馬台国）が、四〜五世紀にかけて全国の有力首長と結合関係（有力首長の政権への求心的結合の側面が強い）を結び、人的結合国家として成立した段階。

(4)　そうした全国的な規模での結合的統一体制がくずれ（五世紀後半以降の反乱などによる）、ヤマト王権による部民《べみん》制・屯倉《みやけ》制の展開による国造体制につながる領域国家体制へ移行していく六世紀以降の段階。

日本古代国家形成は、第一段階から第二段階への転換がよくわからないのであるが、第二段階のヤマト政権の成立が、『記紀』のヤマトタケルの東西征討物語や倭王武の上表文にみたような激しい武力による統一戦争でなかったことはいえると思う（小林・二〇〇六）。

ヤマトという国号

ヤマト国号の成立

古代国家形成史を「ヤマト」という視点でみていくと、畿内のヤマトの地が一貫してその政治権力の拠点であったことがわかる。それが邪馬台《やまたい》国畿内説の立場でいえば三世紀代にさかのぼることになる。そして、三一三・四年ごろの楽浪《らくろう》・帯方《たいほう》二郡の滅亡、女王国・狗奴《くぬ》国の邪馬台（ヤマト）国への吸収を経て、四世紀代には「ヤマト」の地名が全国的レベルで政治権力の中心地として認知されたとみてよい。このことは、「ヤマト」という地名が国内的に国号として成立したと考えられる。

ヤマトの国号が政治権力の本拠地から起ったものであることについては、早く『釈日《しゃくに》本紀《ほんぎ》』（卜部兼方《うらべのかねたか》、鎌倉後期成立）巻一開題に以下のようにみえる。

表２　記紀にみる天皇の没年

代	天　皇	『日本書紀』崩年		『古事記』崩年	
		干支	西暦	干支	西暦
10	崇神天皇	辛卯	30	戊寅	258 318
11	垂仁天皇	庚午	70		
12	景行天皇	庚午	130		
13	成務天皇	庚午	190	乙卯	355
14	仲哀天皇	庚辰	200	壬戌	362
	神功皇后	己丑	269		
15	応神天皇	庚午	310	甲午	394
16	仁徳天皇	己亥	399	丁卯	427
17	履中天皇	乙巳	405	壬申	432
18	反正天皇	庚戌	410	丁丑	437
19	允恭天皇	癸巳	453	甲午	454
20	安康天皇	丙申	456		
21	雄略天皇	己未	479	己巳	489
22	清寧天皇	甲子	484		
23	顕宗天皇	丁卯	487		
24	仁賢天皇	戊寅	498		
25	武烈天皇	丙戌	506		
26	継体天皇	辛　亥 （甲寅）	531 （534）	丁未	527
27	安閑天皇	乙卯	535	乙卯	535
28	宣化天皇	己未	539		
29	欽明天皇	辛卯	571		
30	敏達天皇	乙巳	585	甲辰	584
31	用明天皇	丁未	587	丁未	587
32	崇峻天皇	壬子	592	壬子	592
33	推古天皇	戊子	628	戊子	628

問ふ、本国の号《な》、何ぞ独り大和国を取りて国号と為すや。説いて云《いわ》く、磐余彦《いわれびこ》天皇天下を定め、大和国に至つて王業始めて成る。仍《よ》りて王業の地と成るを以て国号と為す。譬《たと》へば猶《な》ほ周の成王、成周において王業を定め、仍つて国号を周とす。

これは、磐余彦天皇（神武《じんむ》）が日向《ひゅうが》からヤマト（大和）に入って、そこを王業の地としたので、そのヤマトをもって国号とした。これは周の成王（周王朝第二代）が成周（河南省洛陽）の地で王業（王の事業）をなしたので周と号したのと同じであるという。この考え方は『記紀』をみると正統な解釈であるが、もう少し具体的にみれば、ヤマトの地が政

図5　記紀の皇統譜

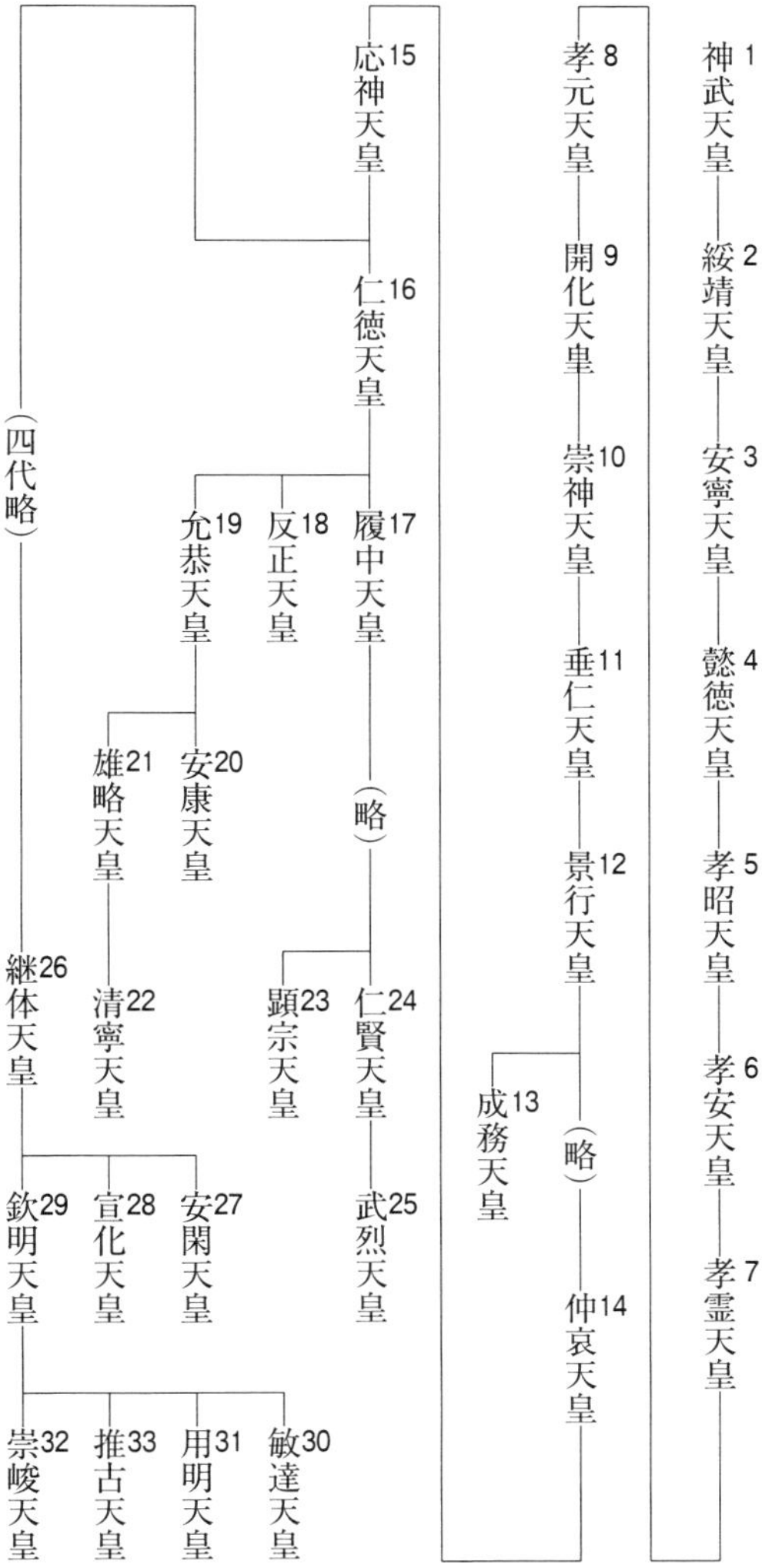

治権力として出発したのは神武天皇の時代（狭義のヤマト）であるが、崇神《すじん》天皇の時代（広義のヤマトの成立）を経て、それが全国的に認知されるのは景行《けいこう》天皇の時代（ヤマトタケルの東征物語）であったから、国号としてのヤマトの成立は、建国物語からみても景行天皇の時代とみなければならない。この建国物語は歴史としてみるとき、『記紀』の信憑性の問題にぶつかるが、景行天皇自身は実在性のある天皇と認めることができるので、あえてその年代を推測すると『古事記』の崩年干支からみて（景行には崩年干支がみられないが、次の代の成務《せいむ》天皇の崩年干支乙卯が三五五年であるから、景行は四世紀前半ということになる）四世紀代の可能性はある（五四・五五ページの表2・図5参照）。もちろん、この建国物語を史実としてみることはできないが、四世紀の時代にヤマトの国号が成立していたことを傍証する材料になるかもしれない。

ヤマトの重要性

このヤマトが五世紀代になってもヤマト王権の政治的中心地として存続し続けることは、次ページの表3にみるように、政治的拠点を意味する歴代の宮の所在地がヤマトに集中していることによっても証明される（難波《なにわ》はヤマトの重要な港湾の地）。

要するに、政治的拠点は一貫して奈良時代まではヤマトなのであって、そこに王朝交替

表3　記紀にみる四・五世紀代の王宮

代	天　皇	『古　事　記』	『日　本　書　紀』	所　在　地
10	崇神天皇	師木水垣宮	磯城瑞籬宮	大　和
11	垂仁天皇	師木玉垣宮	纏向珠城宮	大　和
12	景行天皇	纏向日代宮	纏向日代宮	大　和
13	成務天皇	志賀高穴穂宮		近　江
14	仲哀天皇	穴門豊浦宮 筑紫訶志比宮	穴門豊浦宮 橿日宮	長　門 筑　紫
	神功皇后		磐余若桜宮（稚桜宮）	大　和
15	応神天皇	軽嶋明宮	難波大隅宮　明宮	大和・河内
16	仁徳天皇	難波高津宮	難波高津宮	河　内
17	履中天皇	伊波礼若桜宮	磐余稚桜宮	大　和
18	反正天皇	多治比柴垣宮	丹比柴籬宮	河　内
19	允恭天皇	遠飛鳥宮		大　和
20	安康天皇	石上穴穂宮	石上穴穂宮	大　和
21	雄略天皇	長谷朝倉宮	泊瀬朝倉宮	大　和

の歴史をもつ中国とは違った王都の歴史的性格がある。

ここであえて強調しておきたいのは、国内固有の国号としてのヤマトの重要性である。近年の古代史は、「ヤマト」形成のわかりにくさもあるが、倭・倭国の歴史にすべてが収斂されてしまう傾向があって、「ヤマト」の歴史が視野から抜け落ちてしまうことである。本著では、国号問題として、ヤマトという国号を古代国家形成史との関連で考察してみた。

このヤマトと、中国・朝鮮の方からわが国をよぶ対外的呼称としての倭・倭国とは無関係に成立したものであるが、やがて固有の国号ヤマトを表示する倭・倭国の文字を借りた。倭は音読みでは、ワ（イ）であるが、訓読みでは「やまと」である。これはある意味では、倭・倭国というのは、ヤマトという固有性とワ（イ）という対外性の二重性をもっているといえる。これはわが国の国号の特色といえよう。

「日本」国号の成立とその事情

中国からみた日本

金石文にみる「日本」

中国で二〇〇四年十月に発見された遣唐使の留学生井真成《せいしんせい》の墓誌銘は、遠く異国における若い青年のさびしい死であったこともあって、深い感動をよびおこした。井真成は、日本名を中国風に変更した唐名であるから、この人物が誰であったかは議論がある。井は姓で、真成が名であるから、本来二字姓であった日本の姓を中国風に一字姓に変えたものと考えられるので、葛井《ふじい》真成であったか、井上《いかみ》真成であったかの両説が提示されている。

その墓誌銘（専修大学・西北大学共同プロジェクト〈二〇〇五年〉や東野治之〈二〇〇七年〉にその解釈が示されている）によると、井真成は唐の開元二十二（七三四）年正月、三六歳の若さで唐長安城内の官第（官舎）で亡くなり、二月四日に長安城の東の郊外に埋葬された。その辞には「□は乃《すなわ》ち天常、哀きは茲《こ》れ遠方なること。形は既に異土に埋もれ、魂は故郷に帰らんことを庶《こいねが》う」（原漢文）とあった。すなわち、□（人の死とか別れを意味する漢字が入るのであろう）は天の常なるものであるが、哀しいのはこれがはるか遠方の出来事であるからだ。たとえ身（形）は異土にあっても、魂なら遠方はるか彼方の故郷に帰ることはかなうだろうとする哀切に満ちた弔辞である。

井真成は、年齢からみて養老元（七一七）年の丹比県守《たじひのあがたもり》（押使《おうし》）の一行の留学生として唐に渡った。一九歳の若さでの渡海である。一行中には学問僧玄昉《げんぼう》、留学生吉備真備《きびのまきび》・阿《あ》倍仲麻呂《べのなかまろ》らがいた。

この墓誌銘で注目されるのは、「公は姓は井、字《あざな》は真成。国は日本と号し、才は天の縦《ゆる》せるに称《かな》う……」とあって、わが国の国号が日本であることが同時代史料として記銘されていることである。日本という国号を中国に対して使用した最初は、後述するように大宝二（七〇二）年六月出発の遣唐使（粟田真人《あわたのまひと》）であった。この遣唐使が最初の日本国号を使用したことは、杜嗣先《としせん》墓誌（台湾の葉国良発見・発表）によっても証明されるという（高橋・二〇〇五、葉・二〇〇九）。杜嗣先は先天元（七一二）年九月六日に卒去しているが、

図6　井真成墓誌

（同拓本）

粟田真人の遣唐使が唐に来朝したとき、春宮侍郎《とうぐうじろう》として面談した。墓誌銘にはそれが以下のようにみえる。

「属《たまたま》、皇明遠く被《およ》び、日本来庭す。勅有りて、公と季懐遠・豆盧欽望・祝欽明等をして蕃使《ばんし》を賓し、共に其れ語話せしむ」（原漢文）。右では、公（杜嗣先）ら四人の中国側の官人が日本の使者を饗応してともに談話したとある。この日本の蕃使は、年次からみて大宝年中（唐では則天武后《そくてんぶこう》の長安中）の遣唐使粟田真人の一行であったことが推定される。同時代史料を示す金石文《きんせきぶん》としては、この墓誌銘が最古の「日本」国号の史料ということになる。

遣唐使弁正と山上憶良

ところで、この大宝年中の遣唐使の一行に釈弁正が留学僧として派遣されている。弁正法師は、「俗姓は秦《はた》氏、性滑稽にして談論によし。少年にして出家、すこぶる玄学を洪《おほい》にす。大宝年中、唐国に遣学す。時に李隆基《りりゅうき》竜潜の日に遇ふ。囲碁《いき》を善《よ》くするをもって、しばしば賞遇せらる」（『懐風藻《かいふうそう》』天平勝宝三〈七五一〉年成立）とある。すなわち、これによれば、弁正法師は話術に巧みで玄学《げんがく》（老荘の学）にも通じており、まだ帝位に即《つ》かない前の李隆基（玄宗《げんそう》皇帝）と出会って囲碁を通じて知遇をえたとある。法師は、唐土で唐婦を娶って、朝慶・朝元を儲《もう》けたが、結局唐土で没したとある。

この弁正法師が本郷（日本）を憶ってよんだ漢詩が『懐風藻』にのせられている。
日辺《にっぺん》、日本を瞻《み》　雲裏、雲端を望む
遠遊、遠国に労し　長恨《ちょうこん》、長安に苦しむ
（太陽ののぼるあたりに故郷日本を見、拡がる雲の果てに思いをよせて仰ぐ、遠く異国に留学し異国で苦労を重ね、尽きぬ長い恨みを長安に抱いている——江口孝夫訳、二〇〇〇年）。
日本は太陽の昇る辺《あたり》にあって、雲の端（果て）を通してしか望みみることのできないほど遠方にある。こうした遠い国であるだけに異国での苦労も重なって恨みも長い長い恨みとなるということであろう。

弁正法師がどうして唐土にとどまったか、またいつごろ亡くなったかは不明であるものの、「長恨」を素直に解せば望郷の念の強さがうかがわれる。

この弁正と同じく、万葉歌人として名高い山上憶良《やまのうえのおくら》も大宝年中、遣唐使少録の下級官人として唐土に渡っている。この憶良が帰国を前に唐土でうたった歌が『万葉集』（巻一—六三）にみえる。

いざ子ども早く日本へ　大伴の御津《みつ》の浜松待ち恋ひぬらむ

右の歌について吉田孝は興味深い発言をされている。吉田は、この歌は「日本」の国号を認めてもらう目的を果した遣唐使一行が帰国を前にした宴会での歌と推定されるが、この「日本」を通常「ヤマト」と訓《よ》んでいるのは、「それでは憶良がかわいそうだ」といっている。吉田は、朝貢国の立場にあった倭王（倭国）がその国号を「日本」と変更して、中国側に認めてもらうことは大変な努力を必要としたことであって、その遣唐使の苦労を思うとき、ヤマトをわざわざ「日本」と表記した憶良がかわいそうだという。憶良は「いざ子ども早くニッポンへ……」と長安の漢字音で「日本」を強くうたったのだと空想したいとされる（吉田・一九九七）。

吉田のこの歌の理解に朝貢国の立場にあったわが国がその国号を「倭」から「日本」へ変更することは大変な重大事であって、苦労多い外交交渉が必要であったとしている点である。この点は、後述するように大きな論点としてあるが、史料的にみて日本国号への変更はさほど混乱もなく唐王朝に認められている。もちろん、その変更は、「倭」から「日本」への文字も音も変わる変更であるから、中国側にとっては大きな関心事として認識されたと考えうるが、それはまた日本側がその変更理由を説明するのに大変苦労したと考えられるが、しかし、中国側がそうした変更を認めるか認めないかの決定権をもっていたと解することはできない。わが国は唐の冊封《さくほう》体制下にはなく、その変更は唐にとってとくに実利的な形で損失を招くということも考えがたい。「朝貢」を即《そく》、現実的な支配―従属関係に結びつけることもできない。朝貢とは、現実的には中国に対して敵対心がないという友好関係確認の行為である。森公章《もりきみあき》は、大宝年中の遣唐使の意義について「大宝度には日本国号の認知など、唐と良好な通交確立に成功し、百済の役の総決算を遂げ、二十年一貢の朝貢年期制の成立、唐の日本に対する賓礼《ひんれい》の先例形成、国書の書式など、日唐間の交流原則が定立される基点となったとまとめることができよう」（森・二〇〇八）といわれているが、日本国号の変更もいくつかの使命の一つであったはずである。また、日本国号は天武朝もしくは持統朝ごろには成立しており、後述するように、それが使用された最初の相手国は新羅であった。しかもこの大宝年中の遣唐使は三〇年ぶりの遣唐使であったことを考えると（すなわち、日本国号はすでに既成の事実として機能していた）、日本国号を中国側に認知してもらうことにさほどの問題点・混乱はなかったと思われる。

憶良が『万葉集』の中で、ヤマトでなくニッポン（日本）と歌ったという吉田の解釈は十分成り立つが、それは朝貢国の立場にあるわが国の〝日本〟号変更の外交交渉の苦労から出たというより、三〇年ぶりの遣唐使が無事その役割をおえ、日唐間の将来にわたる基礎を築いたということで、早く故郷「日本」へ帰りたいということであったろう。〝日本〟という新しい国号は大宝年中の遣唐使の象徴としてありえたから、憶良が対外的呼称である「日本」を強く意識したことは当然であったかもしれない。

唐人にとっての「日本」

松原朗は、唐人にとって日本は蜃気楼の向うの、仙人が住む蓬壺《ほうこ》（蓬萊山）の地であり、扶桑《ふそう》という巨木—太陽は朝、その木に攀《よ》じ登ってから東の空に昇るというその扶桑のさらに彼方にある地とみられていたということで、『全唐詩』（清朝の康煕《こうき》帝の命により勅撰され、一七〇六年に成立）の詩人の歌をあげている（松原・二〇〇五）。

王維《おうい》（六九九〜七六一）は、「秘書晁監の日本へ還るを送る」の詩をうたいあげる。秘書晁監とは、唐名は朝衡《ちょうこう》（晁は朝の古字）で、秘書監として唐廷（玄宗皇帝）に仕えた阿倍《あべの》仲麻呂《なかまろ》のことで、天宝十二（七五三）載、仲麻呂は遣唐大使藤原清河《ふじわらのきよかわ》らとともに帰国しようとした。養老元（七一七）年の遣唐使に留学生として入唐しているから三五年ぶりの帰国であった。その送別の席で贈った詩である。

積水　極む可からず
安《いずく》んぞ知らん　滄海の東
九州　何れの処か遠き

万里空に乗ずる若《ごと》し
国に向かっては惟《た》だ日を看《み》
帰帆は但だ風に信《まか》す
鼇身《ごうしん》　天に映じて黒く
魚眼　波を経て紅なり
郷樹　扶桑の外
主人　孤島の中
別離　方《まさ》に異域
音信《いんしん》　若為《いかで》か通ぜん

大意は、阿倍仲麻呂の帰国する日本は極めつくすことのできない青い海原の東にあって知ることもできない国であり、その長い海の旅はただ虚空に乗っていくようなものである。そこは中国の外に拡がる九州の中でも一番遠い国ではなかろうか。お国日本へは日に向かっての風まかせの旅で、途中蓬萊山《ほうらいさん》を背負っているという伝説のある鼇身（大海亀）があらわれて天に黒く姿をうつし、大魚の眼が波間に射るように紅に光る。そうした海を過ぎていく日本は扶桑の地の彼方の国である、というものである。

ここでは日本への長い海の旅の苦労を思ってよんだために右のような大袈裟な表現になったものであるが、ともかく当時の知識人にあっても日本は絶海の地、蓬萊山を過ぎていく、太陽の昇る扶桑の地の外と認識されていたのである。

同じ李白《りはく》（七〇一〜七六二）も阿倍仲麻呂と親交の深かった盛唐の詩人であった。仲麻呂は、大使藤原清河の第一船に乗船して蘇州から船出して阿児奈波《あこなわ》（沖縄）へ向かったものの、途中遭難してしまった。この帰国の遣唐使一行中には鑑真《がんじん》もいたが、鑑真は副使大伴古麻呂の第二船に乗っていたため、幸いにも薩摩《さつま》半島の秋妻屋浦《あきめやうら》（坊ノ津《ぼうのつ》町）に到達できた。この仲麻呂の死（実際は安南《アンナン》〈ベトナム〉に漂着し、のち長安にもどることができた）を悼んでよんだ七言絶句が左の詩である。

日本の晁卿　帝都を辞し
征帆一片　蓬壺《ほうこ》を繞《めぐ》る
明月帰らず　碧海《へきかい》に沈み
白雲愁色　蒼梧《そうご》に満つ

ここでは帝都長安を辞した朝衡（仲麻呂）は、日本に向かって一片の船に帆をあげて長い旅に出たが、波にもまれなかなか蓬壺の島日本へ着くことができず、青海原の藻屑と消えてしまった、という悲しみをうたっている。

蓬萊（蓬壺）は中国の神仙思想で説かれる想像上の仙境で、東方の海上にあって、僊人《せんにん》（仙人）が住む不老不死の地と信じられていた。秦の始《し》皇帝《しん》（紀元前二五九〜前二一〇）のとき、皇帝が方士徐福《じょふく》（徐市《じょふつ》）に命じて蓬萊山に不老不死の薬を求めさせた話（『史書』秦始皇本紀）は有名である。この蓬萊山は渤海《ぼっかい》にあるとされていたが、徐福は日本の熊野（和歌山）にきたという伝説も生まれた。

日本の対外関係、また日本国号を考えるとき、この中国と日本との距離の長さは常に念頭においておかなければならない。しかし、このことから日本の国は四方を海に囲まれた孤島であると規定する人も多いが、しかし、それは一面的なとらえ方であって、これを強調しすぎると、日本は内向きの国、常に鎖国体制を志向した国というようにとらえられてしまう。すでに指摘したように、日本人の形成、日本文化の形成そのものが広くアジア大陸（ユーラシア大陸）からの人とモノの広範囲な日本列島への流入によってなされたものであって、筆者は、日本列島の歴史的位置は「一方にのみ開かれた列島」と規定するのがよいと述べた。こうした日本列島の歴史的位置づけは、日本の国号を考えるときの歴史的切口として重要であることを強調しておきたい。

中国史料にみる日本

倭から日本への意味

日本の国号をめぐる議論は、まずは正史『日本書紀』〈養老四〈七二〇〉年成立〉の〝日本〟という書名をめぐって始まった。朝廷の主催する『書紀』講書〈平安時代の弘仁三〈八一二〉年から康保二〈九六五〉年まで六度講書の会がおこなわれた〉において、倭と日本との関係、なぜ『倭書』でなく『日本書紀』なのか、日本の国号は本朝〈日本の朝廷〉による命名なのか、唐国からの命名なのかの議論がみえる。こうした日本の国号〈それ以前の倭国との関連も含めて〉の議論は、これ以後長い歴史をもつが、そのあたりの研究史についてはすでに先学の研究がある〈井乃・一九四三、岩橋・一九七〇、大和・一九九六、神野志・二〇〇五〉。

対外的呼称である倭国にかえて日本に変更したという国名変更については、『書紀』は何も語っていない。中国のように王朝交替が明確ならば、その王朝名の変更は国名としてわかりやすいのであるが、わが国の場合、固有の国名はヤマト国で一貫しているから、国内的には倭国から日本国への漢字表記の変更にそれほど重大性を感じていなかったのであろうか。『書紀』ではわが国の固有の国号「ヤマト」を原則として「日本」で表記して、これを「倭」と表記する『古事記』と好対照をなしている。例えば、東西征討物語で活躍した英雄ヤマトタケルは、『古事記』では倭建命、『書紀』では日本武尊と表記されている。中国側からみれば、倭建命と日本武尊とはまったく違った人物ということになろう。『書紀』では、国号（対外的呼称の）が倭から日本に改名されても、倭と同様これを「ヤマト」と訓ぜられたことは、『書紀』神代上の国生みの段の「大日本豊秋津洲《おおやまととよあきづしま》」の注に「日本、此《これ》をば耶麻騰《やまと》と云ふ。下《しも》皆此に效《なら》へ」とあることによって知られる。ヤマトは、国名本体で、倭・日本はその衣裳ということにもなろうか。したがって、王勇《おうゆう》がいうように「『日本』は最初、倭に取って代わる新しい国号として創られたのではなく、倭の同音異型語として用いられていた『好字』の意識で『日本』を使いはじめ、いつの間にか対外的に用いられるようになった」という言い方も成りたちうるかもしれない（王・二〇〇五）。この点は後述する。

しかし、対外的な表記として倭から日本へ変更したことは、重大な意味をもったはずである。なぜなら、倭がわが国にとって受動的な選択であるのに対して、日本号はわが国の主体的な選択によるものであるからである。

『唐暦』

日本国号のことを比較的よく伝えているのは中国史料である。以下、直接史料にあたって日本国号の成立時期とその成立事情についてみていきたい。

中国側の史料をみると、日本国号が中国（唐）に知られたのは、すでにみたように大宝二（七〇二）年の遣唐使粟田朝臣真人《あわたのあそみまひと》のときであった。この点は、まず『唐暦《とうれき》』にみえる。

平安時代に朝廷で『日本書紀』の講書が弘仁《こうにん》・承和《じょうわ》・元慶《がんぎょう》・延喜《えんぎ》・承平《しょうへい》・康保《こうほ》と六回にわたっておこなわれたが、その講書にかかわる覚書が残されており、『日本書紀私記』といわれている（『釈日本紀《しゃくにほんぎ》』）巻一、開題（太田・一九三九、神野志・二〇〇五）。この『日本書紀私記』の中に、通常、われわれになじみのある『旧唐書《くとうじょ》』『新唐書《しんとうじょ》』以前の唐代成立の『唐暦』が引用されている。『唐暦』（柳芳撰、代宗〈在位七六二～七七九〉のときの結集か）は、『日本国見在《げんざい》書目録』（藤原佐世《すけよ》撰、九世紀後半成立）雑史家に「唐暦四十巻、柳芳撰」と記載されているから、日本に将来された書で、これが講書にも参考とされたが、現在は失われて引用によって知られる。

(A)問ふ、日本と号する濫觴《らんしょう》（起源のこと）大唐の何れの時の書に見ゆるか。答す、天慶説は詳《つまび》らかならず。公望私記に曰《いわ》く、太宝二年壬寅、唐の則天皇后長安二年に当る、続日本紀に云く、此歳《このとし》正四位民部卿粟田真人遣唐持節使と為す、唐暦云く「此歳、日本国、其の大臣朝臣真人を遣し方物を貢す。日本国は、倭国の別名なり。朝臣真人は猶《な》ほ中国の地官尚書なり。頗《すこぶ》る経史（経書と史書）を読む。容止《ようし》は温雅、朝廷これを異《い》とす。司膳員外郎を拝す」云々。大唐日本と称するの濫觴此に見ゆ……。

（『釈日本紀』巻一開題）

「 」内が『唐暦』の文であるが、これは「公望私記」、すなわち尚復（博士の補佐役）矢田部公望《やたべのきんもち》の延喜四（九〇四）年の講書のときの『日本書紀私記』のテキストを『釈日本紀』（卜部兼方《うらべのかねたか》）が引用したものである。

『唐暦』にはこの他にも『日本書紀』丁本に、参議紀淑光《きのよしみつ》と博士矢田部公望の問答があり、その中で博士の答に引用されている。

(B)博士答えて云く、文武天皇大宝二年は、大唐則天皇后の久視三年（長安二年になる）なり。彼《か》の年遣使粟田真人等大唐に入朝す。即ち唐暦に云く、「是年、日本国の遣使貢献す。日本は倭国の別名か」。然《しか》らば則《すなわ》ち唐朝日出の方に在るを以《も》って号して日本国と云う、東夷の極《きわみ》、因って此の号を得るか。

（『日本書紀私記』丁本）

(B)については、傍線部分が注目される。これは『唐暦』をはなれたわが国の側の解釈であるが、それは「日本」は日の出る方向にあるので唐朝が名づけたと述べている点と、「日本」は東夷のはるか極みにあるとしている点で注目される。この日本号の他称説は『唐暦』をはなれるので、今ここでは問題とせず後述したい。

『唐録』

この他、『唐録』なるものが『善隣国宝記』（瑞渓周鳳《ずいけいしゅうほう》編、文明二〈一四七〇〉年成立）の舒明《じょめい》天皇三（六三一）年条から桓武《かんむ》天皇二十三（八〇四）年条までの六条の外来記事の中で引用されている。そのうち、天武天皇七年条に以下のような記事がみえる。

(C)　天武《文武》天皇七（六七八）年

『唐録』に曰く、則天の長安三年、日本国其《そ》の大臣朝臣真人を遣わし、来りて方物を貢す。因りて言う。其の国日の出ずる所に近し。故に号して日本国と曰う。

（『善隣国宝記』）

この場合、天武天皇は文武《もんむ》天皇を誤って記したもので、則天武后《そくてんぶこう》の長安三年は、わが国の大宝三年で文武天皇七年にあたる。

問題は、この『唐録』であるが、唐代にさかのぼる史書とみる確証はなく、宋代に宋敏求なる者が散逸した唐朝の実録を蒐集した書（慶暦五〈一〇四五〉年成立）であると考えられている（末松・一九六三、増村・一九八八、田中・一九九五）。したがって、宋敏求が唐代のいかなる史書によったか不明であるものの、日本へ改号した理由が「日の出る所に近い」という形で述べられている点に注目したい。なお、(C)『唐録』の長安三年の遣唐使は長安二年の誤りである。この遣唐使は、日本側の史料『続日本紀《しょくにほんぎ》』をみると、大宝元（七〇一）年（唐では長安元年）正月に任命されたもので、粟田真人は執節使で、大使は高橋笠間（のち辞し、副使坂合部大分《さかいべのおおきた》が大使となった）であった。五月に入唐の途に着くが、暴風で渡海できず、翌大宝二（七〇二）年六月、あらためて入唐の途につき、十月に長安に入っている。『旧唐書』本紀の則天武后条でも、「長安二年冬十月、日本国使方物を貢す」とある。この遣唐使は前回の遣唐使の河内鯨《かわちのくじら》（天智天皇八〈六六九〉年）から三〇年を経ており、遣唐使の歴史のうえでは、新しい段階を切り開いた遣唐使（航路としてはそれまでの北路とは違って東シナ海を一気に横断して揚子江《ようすこう》をめざす南路を使い、倭国から日本国という国号を背負った最初の遣唐使であり、また遣唐使の二〇年一貢の約定、国書の形式の取り決めや、賓礼《ひんれい》の形式などなど、今後の日唐間の交流原則を決めた）であった。

『通典』と『唐会要』

次に『通典《つてん》』倭伝（杜佑《とゆう》編、徳宗の貞元十七〈八〇一〉年ごろの成立）をみてみよう。

(D) 倭、一名は日本。自ら云う、国日辺に在り、故に以って称と為す。武太后の長安二年、其の大臣朝臣真人を遣し、方物を貢す。真人は猶《な》お中国地官尚書のごとし。頗《すこぶ》る経史を読み、属文《しょくぶん》（字句をつづって文章をつくること）を解す（中略）。容止は温雅、朝廷これを異とし、拝して司膳員外郎と為す。（『通典』辺防一、倭伝）

ここでは、日本号は倭の「一名」としており、基本的には(A)・(B)の『唐暦』の「別名」と同じである。また、なぜ日本と号したのかの理由については、わが国が日辺にあるので日本としたとしていて、これは(C)の『唐録』の「日出ずる所に近し」とする理由と似ている。そして「自ら云う」とあるところをみると、それは中国側の解釈ではなく、遣唐使の使者が述べた理由とみられる。

また、『唐会要《とうかいよう》』（北宋の王溥《おうふ》撰、九六一年成立）にも以下のようにみえる。

(E) 則天の時、自ら言う、其の国日出ずる所に近し、故に日本国と号す。蓋《けだ》し其の名の雅《みやび》ならざるを悪《にく》みてこれを改む。（『唐会要』巻九十九、倭国）

国号変更の理由が、ここでは(C)の『唐録』と同じであることを確認しておきたい。そしてその変更の理由は、遣唐使の使者が「自ら云った」ことであるとするのは重要である。

『旧唐書』

次にみる『旧唐書』（劉昫《りゅうく》撰、五代後晋の九四五年の成立）は、岩波文庫本として流布されていることもあって、日本国号を考えるとき、まずもって議論される文献であり、倭国伝と日本伝の二つを設けて、その区別について関心を示している。

(F)　日本国は倭国の別種なり。①其の国日辺にあるを以って、故に日本を以って名と為す。②或いは曰う、倭国自らその名の雅《みやび》ならざるを悪《にく》み、改めて日本と為すと。③或いは云う、日本は旧《もと》小国、倭国の地を併せたりと。（中略）長安三年其の大臣朝臣真人、来りて方物を貢す。朝臣真人とは、猶《な》お中国の戸部尚書のごとし。（中略）真人好んで経史を読み、属文《しょくぶん》を解し、容止《ようし》温雅なり。則天これを麟徳《りんとく》殿に宴し、司膳卿《しぜんけい》を授け、放ちて本国に還らしむ。

（『旧唐書』倭国伝・日本伝）

ここでは、「日本国は倭国の別種」とある点が重要である。これは「別名」「一名」(A)・(B)・(D)とは違って、種族・出自の意味あいが入っている。この「別種」の用語を考察した増村宏は、(1)それが唐代史書に多用され、これに準じて『旧唐書』の多用が注意されること、⑵その多用は唐代史書の一つの書法であること、⑶「別種」は当該民族・国人の「自言」をあらわすものでなく、中国側（史書撰述者を含む）の判断である。そして、『魏志』倭人伝に「女王国の東、海を渡る千余里、復《また》国有り、皆倭種」とある点を参考にして、小国「日本」は、「其国在㆓日辺㆒」とあって、大陸により近い「倭国」より日本列島上東方に想定されており、同じ「倭種」である。したがって、「別種」とはほとんど「同種」の同義語と解して差支えないとしている（増村・一九八八）。

この点を考えるうえで参考となるのは、高句麗《こうくり》と扶余《ふよ》の関係である。『旧唐書』高麗《高句麗のこと》伝によると、「高麗は、出自扶余の別種なり」とある。一方、『魏志』高句麗伝では、高句麗の出自に関して、「東夷《とうい》の旧語は、以って夫余の別種たり、言語・諸事、多くは夫余と同じ、其の性気・衣服は異なること有り」としており、「旧語」（物語・伝説）によると、高句麗は夫余の別種であると述べている。「別種」の根拠となる「旧語」とは、『魏書』高句麗伝（北斉の魏収撰、五五四年に成立）の「高句麗は夫余より出ず、自ら先祖は朱蒙《しゆもう》と言う……」とあって、いわゆる朱蒙を始祖王としている。この朱蒙伝説は「高句麗好太王碑文」（四一四年成立）にも「惟《こ》れ昔、始祖鄒牟《すうむ》王の創基なり。北夫余より出ず。天帝の子にして、母は河伯《かわのかみ》女郎、卵を剖《さ》きて降世す……」とあって、朱蒙卵生神話を伝えている。

この場合、鄒牟と朱蒙は音通なので同一人物とみなされている。先の『魏書』高句麗伝には、朱蒙伝説が詳しく記述されているが、朱蒙は夫余の夫余王のもとで室内に幽閉されていた河伯の女《むすめ》から生まれたが、夫余王のもとで成長したあと夫余国から去って東南に逃走し、卒本（現在の鴨緑江《おうりよつこう》の支流）に至って、紀元前三七年に高句麗を建国した人物である。したがって、「別種」とはある原基（同一種族）からの別れでもある。

倭国と日本国とは「別種」であるということは、同一種族である倭種の別れが日本であるということになる。こうした推定は、もちろん増村がいうように中国側の認識であって、これを採用すると、日本の国家形成史を戦前一部にあった天孫族と出雲族との抗争といったように理解されてしまう。

(F)では、日本号への変更理由を三点あげている。①は、日辺にある国であるから日本だとする見解、②倭国の倭の名の雅《みやび》ならざるを嫌って、日本としたとする見解、③小国であった日本が倭国を併合したとする見解に分かれている。この三つの変更理由のうち、①の見解は、(D)・(E)に「自ら言う」とあるように遣唐使の言であることが明示されているから日本側（使者）の意見であるが、②③の「或いは曰《い》う」は、中国側の見解であって、『旧唐書』編纂時の推測であったろう。②については、すでに指摘されているように、天皇の称号・諡号に「倭根子《やまとねこ》」が称辞されていることによってもわかるように、日本側（使者）の言及した意見でないことは明らかであろう。すなわち、持統《じとう》天皇は大宝三（七〇三）年十二月に諡号《しごう》（おくり名）を「大倭根子天之広野日女尊《おおやまとねこあめのひろのひめのみこと》」と讃えられ、同じく文武天皇も慶雲四（七〇七）年十一月には、「倭根子豊祖父天皇《やまとねことよおおじ》」と諡号されている（『続日本紀』）。また、元明《げんめい》天皇即位の宣命《せんみょう》の中にも、「藤原宮御宇《あめのしたしろしめしし》倭根子天皇（持統天皇）」「近江大津宮《おうみおおつのみや》御宇大倭根子天皇（天智《てんじ》天皇）」と過去の天皇が宮名をもって讃えられており（『続日本紀』慶雲四年七月条）、「倭根子」は伝統的な天皇の称号として重要な価値をもっており、「日本」に国号が変更されたあとでも「倭根子」が使用されているのであって、「倭」の字に嫌悪感をもっていたとするのはあたらない。

なお、③の日本の倭国併合の理由は、国家形成上重要な論点となるのであとで詳しく論じたい。

『新唐書』

以上みてきた(A)〜(F)は、日本号が唐に対して使われたのは長安二（七〇二）年＝大宝二年の粟田真人の遣唐使からであったことを示している。これに対して『新唐書』日本伝（宋祁《そうき》撰、宋の一〇六〇年成立）は、少し違った書き方になっている。

(G)　咸亨《かんこう》元年、遣使し高麗を平《たい》らぐを賀す。①後に稍《やや》夏音（中国語）を習い、倭の名を悪《にく》みて更《あらた》めて日本と号す。②使者自ら言う、国は日出ずる所に近し、以って名と為す。③或いは云う、日本はすなわち小国、倭の并（併）せらる所と為る。故に其の号を冒す。

（『新唐書』日本伝）

唐の咸亨元年は六七〇年にあたり、唐が高麗（高句麗）を平定した（六六八年）ので、それを賀するために遣唐使を派遣してきた。これは、天智天皇八（六六九）年の河内鯨の遣使であったろう（『日本書紀』天智天皇八年是歳条）。ただし詳細はわからない。日本号への変更については、この咸亨元年に日本号が成立・使用されたものでないことは、「後に」夏音を習って倭の名を嫌って日本号に改めたといっていることからもはっきりしている。この『新唐書』(G)も『旧唐書』(F)と同様に日本号への変更の理由を三点にわたって述べており、両者を突き合わせてみると興味深い。すなわち、(F)では「日辺にある」という箇所が(G)では「日出ずる所に近い」とあって、ほぼ同じ内容を伝えているが、(G)では「使者自ら言う」とあって、「日辺」にせよ、「日出所」にせよ、これは遣唐使の使者が伝えた理由であるとみてよい。なお、わが国が「日辺」にあるという点は、すでにみたように、大宝年中に入唐した釈弁正が唐にあって本郷（日本）を憶ってよんだ漢詩に、「日辺に日本をみる」とあった。このようにわが国を「日辺にある」「日出ずる所に近い」というのは、日本側の一般的な認識となっていたのであろう。また、倭の名を悪むというのは、(F)・(G)に共通しているが、中国側の跡づけの理由であったろう。

興味深いのは③の理由であるが、(G)では(F)とまったく逆に、小国「日本」が「倭国」に併合されたのであるが、その「倭国」が併合した「日本」の名を冒して（借りて）「日本」と変更したと述べている点である。どうして『旧唐書』と『新唐書』で、倭国—日本の併合関係が逆転してしまったのか、『旧唐書』の「別種」の問題も含めてこの点は議論が多いところであるからのちに詳述したい。

『続日本紀』

その前に粟田真人の遣使と日本号の問題は、日本側の『続日本紀』の史料に帰国報告が載っているのでみてみよう。

(H)　正四位下粟田朝臣真人、唐国より至る。初め唐に至りし時、人有り、来りて問ひて曰はく「何処《いずこ》の使人ぞ」といふ。答へて曰はく「日本国の使なり」といふ。我が使、反《かえ》りて問ひて曰はく「此れ是れ何の州の界《さかい》ぞ」といふ。答へて曰はく「先に是れ大唐、今は大周楚州塩城県の界なり」といふ。更に問はく「先に是れ大唐、今は大周と称《なつ》く。国号、何に縁《よ》りてか改め称くる」といふ。答へて曰はく「永淳二（六八三）年、天皇太帝崩じたまひき、皇太后位に登り、称を聖神皇帝と号《い》ひ、国を大周と号けり」といふ。問答略了《ほぼおわ》りて、唐の人我が使に謂《い》ひて曰はく「亟《しばしば》聞かく、海の東に大倭国有り。これを君子国と謂《い》ふ。人民豊楽にして、礼儀敦《あつ》く行はるときく。今使人を看るに、儀容太《はなは》だ浄し。豈《あに》信ならずや」といふ。語畢《おわ》りて去りき。

（『続日本紀』慶雲元年七月条）

右の記事をみると、唐側ではまだ倭国と認識されており、遣唐使によって初めて日本国が告げられたことがわかる。また、これを迎えた中国も則天武后の時代で、国号は唐から周（通常、これを武周ともいう）に変わっていた。このことを遣唐使が認識していなかったことは、日中関係史を考えるとき、みのがしてはならない点であろう。また、遣唐使の使人の「儀容太だ浄し」としている点は、唐側の史料にみたように、粟田真人の「頗る経史を読み、容止は温雅」の記述と対応する。ともかくこの粟田真人の遣唐使によって日本号が国際的に認知されたことになる。

倭国と日本国

そこで中国側の史料にみる倭国と日本国の関係について、その問題点を掘り下げてみよう。

中国史料をみると、『唐暦』や『通典』(A)・(B)・(D)の早い時期の史料では倭と日本との関係を、別名・一名ということでその連続性を説明している。それは遣唐使の使者が〝日本〟という号は国が日辺にあるため、あるいは日が出る所に近い国であると、その変更理由を「自ら言」ったことにもとづいていた。また、『唐会要』（E）や『旧唐書』（F）、『新唐書』（G）に出てくる倭の文字が雅びではないという嫌悪感から日本へ変更したとするのは中国側の理解であるが、これも連続説としての跡づけの理由であろう。

一番問題となるのは、「別種」を根拠にして倭と日本との関係を不連続とみて、その併合の歴史を考える『旧唐書』『新唐書』の解釈である。これは、遣唐使の使者が伝えた理由でなく、「或曰《あるひという》」として、中国側の史書の編者が取り上げた解釈である。これはいったいどこから出てくるのであろうか。

表意文字の国、王朝交替（易姓革命）の歴史をもつ中国にとって、倭から日本への国号の変化に強い関心をもったことを示している。国号が倭から日本へ変わることはそれなりに理由がなければならないと考えるのは当然であろう。

この問題に関しては、大和岩雄《おおわいわお》が詳しい研究史を展開している。それによると、小国「日本」と「倭国」との関係を、①大和朝廷と熊襲《くまそ》、②大和朝廷と九州邪馬台国《やまたいこく》、③日下《くさか》の物部政権と九州邪馬台国、③東国日高見国《ひたかみ》とヤマト王権などの関係とみる説があるという。これらの説の詳細には立ち入らないが、いずれも過去の遠い時代の物語の反映とみるもので、大和がいうように倭国から日本国に国号を変えたことを伝えてきた七世紀後半の「今」のことを両唐書は記述しているのであるから、そうした反映説は無理があろう。大和自身は七世紀後半の「今」、すなわち、壬申《じんしん》の乱と結びつけ、大海人《おおあま》皇子（天武天皇）を支援した「日辺」である東国（日本国）が倭国の近江朝廷を破ったことを意味しているというう（大和・一九九六）。しかしながら、壬申の乱の事情が唐王朝に伝わって、大和のいうように理解したと考えるのもどうであろうか。この国号変更の問題は、遣唐使粟田真人の時点でとくに政治上の問題となったわけでなく、倭国から日本国への連続性が説明されて比較的すんなりと受け入れられたものであって、のちの『旧唐書』や『新唐書』の編纂段階で、また種々の事情が加わって問題化されるようになったものである。それは多分に机上の議論であるから、わが国の古代史上の事件に引きつけて解釈しない方がよい。また、壬申の乱というような皇位継承上の争いの細かい内情が唐側でとくに問題化されたとみる必然性もないとみてよい。それにしても『旧唐書』が倭国伝と日本伝を二つならべた理由は、「日本国は倭国の別種」の語句に端的にあらわれているように、そこに何らかの明確な変更事情を考えようとする中国側の態度であったろう。それが「或いは云う、日本は旧《もと》小国、倭国の地を併せたり」という形であらわれたといえる。冒頭の「別種」とは、種族のレベルでは「倭種の一つ」「倭種の分かれ」という意味あいをもつが、〝国〟のレベルでは、倭国と日本国とは二つの実体のある別個の国であると『旧唐書』が認識していたともとれる。それにしても『旧唐書』でこうした別個の国であるとの認識が出てきたのはなぜか。この点については、倭と日本との地理上（位置）の違いという中国側の認識からきているのだろう。端的にいえば、東夷の国の一つとして伝統的に朝貢してきていたより大陸に近い倭国と、その倭国よりさらに東の極みにある日辺の国、あるいは日出《い》ずる所の国である日本国の違いである。これには中国側の伝統的な見方が背景にあるようだ。

日本呼称の由来と日下・扶桑・日域

日本の由来

〝日本〟という呼称が本来、わが国の中から生まれたものであるかについては議論がある。神野志隆光《こうのしたかみつ》は、〝日本〟が元来中国に生まれたことについて、確かな例はあげられないが、可能性があるとしていくつかの例をあげている（神野志・二〇〇五）。

一つは、『日本書紀私記』丁本（承平六〈九三六〉年成立の『日本書紀』講書）の中で師説（矢田部公望《やたべのきんもち》）が以下のように述べている。

Ⅰ　日本の号、晋の恵帝の時に見ゆと雖《いえど》も、義理明かならず。

右の晋とは西晋の恵帝で、在位は二九〇～三〇六年の時代である。神野志は現行の『晋《しん》書《じょ》』には「日本」はみえないので、丁本が何によったかわからないが、『晋書』には現行本の他に何種類もあったのであるから、公望がみたということを信じたいとする。
次に伝説集である『述異記』巻上、十六（六朝の梁、任昉《じんぼう》〈四六〇〜五〇八〉の撰）に以下のようにみえる。

Ⅱ　磅礴《ほうとう》山は扶桑を去ること五万里、日の及ばざる所にして其《その》地甚だ寒し、桃樹の千囲なる有り。万年に一たび実る。一説に日本国に金の桃有り。其実、重さ一斤なり。

神野志は、『述異記』は後代（唐・宋）の偽作であるが、一説は何の根拠もないということではなく、何かがあってこの記事となったわけで、可能性にとどまるが、六朝《りくちょう》時代に「日本国」といったという可能性が考えられてよいとする。
次に、神亀四（七二七）年の第一回渤海《ぼっかい》国使がもたらした国書（『続日本紀《しょくにほんぎ》』神亀五年正月条）に以下の文がみえる。

Ⅲ　伏して惟《おもん》みれば大王天朝命を受けて、日本、基《もとい》を開き、奕葉《えきよう》（代々）光を重ねて、本枝百世なり。……

神野志は、渤海使は六六八年の高句麗《こうくり》滅亡以来の四〇年の空白があり、令制《りょうせい》の天皇号を承知していなかったから大王とよびかけたのであり、第一回の国書以外には大王はみられない。第二回以降の渤海国使の国書は天皇とよんでいる。令制の「日本天皇」を渤海が承知していなかったとすれば、「日本」は何によったのか。「日本」はその以前に別にあったものによった（もともとこの地を「日本」とよぶことがあった）ということも考えてもよいとする。ちなみに渤海は、高句麗族・靺鞨《まっかつ》族によって六九八年建国された国（渤海と号したのは七一三年、唐に冊封《さくほう》されてからである）である。

さらに『釈日本紀《しゃくにほんぎ》』（巻一、開題、倭の項）には、『東宮切韻《せついん》』（菅原是善《これよし》〈八一二〜八八〇〉撰、原文散逸）が引用されていて、そこに「日本」がみえる。

Ⅳ　東宮切韻に曰はく……孫愐《そんめん》の云はく、従ふ貌、東海中の日本国なり

孫愐は『新唐書《しんとうじょ》』に「孫愐唐韻五巻」とあって、天宝十（七五一）載の成立という。神野志は、孫愐が何らかの先行文献に拠ってこれを知ったとも考えられるとして、唐初まで中国において東海の彼方の地をよぶものとして「日本」があった可能性をみることができるとしている。

神野志があげた例はいずれも確かな例ではないが、Ⅲを除いて「日本」はある種想像上の東方はるか彼方の世界の一つとしてあったことを示している。それは神野志もいうように、中国側に「日本」を生みだすような基盤があったことに留意すべきであろう。

　この点では、日下・日域・扶桑も日本の由来を考えるうえで重要な称号である。ここでは増村宏の研究が参考となる（増村・一九八八）。

日下

まず、日下《じっか》は、漢代の字書『爾雅《じが》』釈地野の部に「四極・四荒・四海」があげられ、東晋の郭璞《かくはく》の注によれば、四荒（觚竹《こちく》・北、北戸・南、西王母・西、日下・東）は四海（九夷《い》・東、八狄《てき》・北、七戎《じゅう》・西、六蛮・南）より外にあり、「四方極遠之国」である四極より内にあるとされている。中国からみると四海→四荒→四極の順で外延部が拡がっていく。また、宋の邢昺《けいへい》の疏には「日下者謂二日所レ出、其下之国也」とあり、四荒については「謂之四荒者、言声教不レ及、無二礼儀文章一、是四方昏荒《こんこう》之国也」とある。すなわち、日下とは東方、日の出《い》ずる所の下《もと》の国であって、そこは中国からみたとき、言語が通せず、礼儀・文章のない荒れた地の一つであった。

　この日下を倭国と比べると明らかに違いがある。周知のように倭人・倭国の位置は「楽浪海中に倭人有り」（『漢書《かんじょ》』地理志）、「倭は韓の東南の大海中に在り」（『後漢書』東夷《とうい》伝・倭人の条）、「倭人は帯方《たいほう》の東南大海の中にあり」（『魏志』倭人伝）と伝えるように、朝鮮四郡の一つ楽浪郡もしくは帯方郡の東南大海の中、あるいは朝鮮半島南部の韓の国々からみて東南の大海中にある東夷の国、すなわち「四海」の一つであった。ところが日下とは日出ずる所にあって、四海よりさらに大海をへだてた彼方の「四荒」の世界にあった。
次に、天平勝宝四（七五二）年の大使藤原清河《ふじわらのきよかわ》の遣唐使のとき、唐の玄宗《げんそう》皇帝が「送日本使」と題して「御製詩」を賜与しているが、この五言詩《ごごんし》の中に日下がみえる。その五言詩は種々資料に引用されているが（増村「玄宗と遣唐使」〈増村・一九八八所収〉を参照）、今は筒井英俊校訂の『東大寺要録』によってそれを左に示す。

日下非二殊俗一　天中嘉二会朝一　朝レ介（余）懐レ義遠　矜三爾畏二途遥一　漲海寛二秋月一　帰帆駛二夕颸一　曰（因）声二彼君子一　王化遠昭々

日下は殊俗に非ず、天中（天子の国、中国）に会朝《かいちょう》（来朝）するを嘉《よ》みす。余《よ》（朕《われ》）に朝し義（忠義）を懐《おも》うこと遠し。爾途遥《なんじみち》かなるを畏《かしこ》み矜《あわれ》む。漲海（大海）秋月寛《ひろく》して帰帆夕颸《せきひょう》（つむじかぜ）に駛《は》す。因《よっ》て彼の君子に声せよ、王化《おうか》遠きこと昭々と。

右の詩で、「日下、すなわち日本は殊俗ではない」といっていることが重要である。「殊俗」は風俗の異なる外国というのが一般的な意味であるが、唐令（公式令）によると「凡《およ》そ蕃客《ばんかく》至れば、鴻臚《こうろ》其国の山川風土を訊《たず》ね、図を為《つく》りて之を奏せ。上には職方を副《そ》えよ。殊俗入朝せば、その容状衣服を図して以って聞せよ」（仁井田陞《にいだのぼる》・池田温《いけだおん》『唐令拾遺補』）とある。唐令では蕃客と殊俗が対比されている。蕃客とは冊封体制下にある国が唐朝廷に朝貢してくる使節、殊俗は教化のおよばぬ化外《けがい》の夷狄《いてき》の国で、遠方絶域の世界からの来朝者である。唐朝廷にとっては、殊俗は特殊な異様な風体をした国（種族）とみられていた。したがって、「日下は殊俗に非ず」とは、日下である「日本」はもはや殊俗（遠方はるか彼方にある教化の及ばぬ夷狄の国）でなく、そこから「天中たる中国に来朝したことを喜ぶ」とある。この場合、日本を日下とした理由は、日本と日下を同根とみたのであるが、そこには東方はるか彼方の日の出る処である〝日本〟のイメージがある。しかし、玄宗皇帝のときには、「殊俗」的な日下＝日本はもはや「殊俗」ではないといっているのである。

なお、日本では最古の漢詩集といわれている『懐風藻《かいふうそう》』（撰者未詳、天平勝宝三〈七五一〉年成立）の中にも「日下《じっか》」がみえるが、これは日のもと、日の照らす下、天子のひざもと、天下といった意味あいをもったものであって、例えば「日下　芳塵《ほうじん》に沐す」（日のもと、すなわち天子の膝下で天子の聖恩に浴している）とか、「日下の皇都」（日のもとである帝都）などとみえる（前者は采女朝臣比良夫《うねめのあそみひらふ》の一首、後者は藤原宇合《うまかい》の六首の中の一首）。

扶　桑

扶桑は辞書では、「東海中にある神木。両樹両根、生じて相依倚《いい》するから扶という。日の出る所といわれる」とある（『大漢和辞典』）。のち、わが国の異称として扶桑国がみえることは、平安末期の皇円《こうえん》著といわれる編年体史書『扶桑略《ふそうりゃっ》記《き》』によって知られている。この扶桑と日本号との関連については、大和岩雄《おおわいわお》・神野志隆光《こうのしたかみつ》の考証がある（大和・一九九六、神野志・二〇〇五）。

扶桑は、中国文献に種々みえている。『淮南子《えなんじ》』天文訓（前漢、淮南王《わいなん》劉安撰）に以下のようにみえる。

日は暘谷《ようこく》に出で、咸池《かんち》に浴し、扶桑を払《はら》ふ、是れを晨明《しんめい》と謂ふ。扶桑に登り、爰《ここ》に始めて将《まさ》に行かむとす、是れを朏明《ひめい》と謂ふ（以下、略）。

日（太陽）は暘谷から出て、咸池で水浴してから扶桑に至り、扶桑に登っていくという。

また、中国最古の地理書である『山海経《せんがいきよう》』（戦国時代から漢初の成立か）の「海外東経」に以下のようにみえる。

下に湯谷《ようこく》有り。湯谷上に扶桑有り、十日の浴する所、黒歯《こくし》の北に在り。水中に居て、大木有り、九日下枝に居り、一日上枝に居る。

同じく『山海経』の「大荒東経」をあげる。

谷有りて湯源谷と曰ふ、湯谷の上に扶木《(扶桑)》有り。一日まさに至れば、一日まさに出づ、皆烏を載せたり。

『山海経』をみると、日（太陽）は一〇個あって、それは水中の大木の下枝に九個、上枝に一個があって、湯谷の池（咸池か）で水浴したあと、一個ずつ湯谷の上にある扶桑の木から登っていく。そのとき、烏をのせているという。

この一〇個の太陽（日）については、『山海経』「大荒東経」の所に、「東海の外、、甘水の間に羲和《ぎか》の国有り。女子有りて名づけて羲和と曰ふ、方《まさ》に日を甘淵に浴せしむ。羲和は、帝俊の妻にして、是れ十日を生む」とある。すなわち、一〇個の太陽は羲和という女子が産んだ子どもで、いつも甘淵で湯浴《ゆあ》みさせていたという。のち、羲和はわが子太陽を馬や龍にのせる御者として、天空をかけめぐるのである。

さらに古代の字書《じしょ》『説文解字《せつもんかいじ》』（後漢の許慎《きょしん》撰、一〇〇年ごろ完成）に以下のようにみえる。

叒《じゃく》。日は初め東方湯谷の所に出て、榑桑《ふそう》に登る。叒は木なり。象形。凡《およ》そ叒の属、皆叒にしたがふ。而灼の切《せつ》。

榑は扶に通ずるので、榑桑は扶桑と同じで、ここでも日は湯谷の上にある扶桑の木を登っていくことがわかる。なお、「叒」は而灼《じしゃく》の切韻《せついん》（反切《はんせつ》）なので、「じゃく」とよむ。

わが国においても、『日本書紀私記』甲本（『弘仁私記』序、弘仁四〈八一三〉年成立）の

『日本書紀』の〝日本〟を説明したところに以下のようにみえる。

日本国は、大唐より東、万余里を去る、日は東方に出づ、扶桑を昇る、故に日本と云ふ、古《いにしえ》は之《これ》を倭国と謂《い》ふ。

ここでは、倭国を日本国にしたのは、日本国は東方日の出ずる所にあって扶桑から日が昇るからであるといっている。扶桑と日出ずる所とが結びついて日本が生じたとする解釈である。この点は、日本の「本」を解釈するうえで重要である。

また、『日本書紀』神代巻の注釈書である『日本書紀纂疏《さんそ》』（一条兼良《かねよし》、十五世紀後半の成立）には、日本の別称として「扶桑国」をあげている。

扶桑国、東海中に扶桑有り、両幹同根、日出づる処、故に借用す。

「日の出づる処」と「扶桑」とから成立した「日本」が、やがて日本国を扶桑国ともいうようになったことを想定しえる。

もっとも、扶桑国は、倭国（日本国）とは別箇の国としてあった。『梁書《りようしよ》』扶桑国伝（唐の姚思廉《ようしれん》編、六二九年成立）には、「扶桑国は、斉の永元元（四九九）年、其の国に沙門《しやもん》慧海有り、来りて荊州に至りて説きて云ふ、扶桑は大漢国東二万余里に在り。地《くに》は中国の東に在り、其の土、扶桑木多し、故に以つて名と為す……」とある。また、『通典《つてん》』辺防、総序では「倭国、一名日本、中国の直東に在り、扶桑国は復《ま》た倭国の東に在り、約《ほぼ》中国を去ること三万里、蓋《けだ》し日出づる処に近し」とする。扶桑国の位置は、中国から東に三万里、倭国よりも東にある国という伝聞である。

日　域

日域《じついき》については、中国の詩文集『文選《もんぜん》』（南朝梁の昭明太子の撰、五三〇年ごろ成立）の中に収められている漢代の揚子雲《ようしうん》の「長楊賦《ちょうようふ》」にみえる。そこでは前漢武帝の帝徳が称えられ、帝は治世の安泰のときでも危険を忘れなかったとして、「迺《すなわ》ち萃然《すいぜん》として南山に登り、烏弋《うよく》を瞰《み》る。西のかた月䯉《げっこつ》を厭《ふさ》ぎ、東のかた日域を震《ふる》はす」とあって、軍旅に勤《いそ》しんだ様子が記されている。この場合、月䯉とは「月が生まれる所」で、日域とは「日の初めて出づる処」との注（『漢書』揚雄伝第五十七下の服虔、師古の注）がみえる。いわば武帝の徳は西は月の生まれる所、東は太陽の生まれる処まで広く及んだということである。

同じく六朝宋代の鮑明遠《ほうめいえん》の「舞鶴賦《ぶかくふ》」（『文選』）には、変化《へんげ》して仙禽《せんきん》となった鶴のことが描かれている。

　蓬壺《ほうこ》を指して翰《つばさ》を翻し、崑閬《こんろう》を望んで音を揚《あ》ぐ。日域を匝《めぐ》りて以て廻り翥《は》せ、天歩を窮めて高く尋ぬ……

右の賦では、仙禽となった鶴が神仙の山である蓬壺（蓬萊山）と崑閬山（崑崙山《こんろんざん》）を目指し飛び立ち、日の差す天下（日域）を飛びめぐる様子が描かれている。ここでは、「日域」が天下観念となっていることが注意される。

日本側の文献では『日本後紀』延暦十五（七九六）年十月十五日条に渤海使の国書があげられており、その中に日域がみえる。

　伏して惟《おもん》みるに、天皇陛下、天を仰ぎて憲《のり》を作し、地を握りて規《き》を成す、日域を窮めて声を慕ひ、風区《ふうく》に布《し》きて化に向ふ。

ここでは、「日本全域に天皇の支配が及び、それを人々が慕い、風化を広めて人々を教化に向かわせること」が述べられている（黒板・森田・二〇〇三）。この場合、日域も日本の全域内ということだけでなく、そこには天皇の統治範囲を日の照らす範囲という意味で「日域」といっており、中国の天子（皇帝）の天下観念を継承している（本位田・一九八九）。

また、平安後期の漢学者・歌人であった大江匡房《おおえのまさふさ》の『対馬貢銀記』（三善為康編『朝野群載』）にも日域がみえる。

　欽明《きんめい》天皇の代、仏法始めて吾が土に渡る、此の島に一比丘尼《びくに》有り、呉音を以ちて之れを伝ふ、茲《こ》れに因りて日域の経論皆此の音を用ふ、故に之を対馬音と謂ふ……。

これは明らかにわが国のことを日域といっており、日域は日本の別称ということになる。

以上、中国文献を中心に日下・扶桑・日域についてみてきたが、中国の地理観・宇宙観からみれば、日本も含めてそれらは同根の思想で、華夷《かい》思想にあらわれてくる蕃客の国々とは異質の、それよりさらに外（東）に広がる絶域（海）の地のことであった。東夷の国々は倭国も含めて中国に朝貢する、あるいは中国王朝に冊封された蕃夷の国々であり、伝統的なつながりがあったのであるが、日下・扶桑・日域は中国王朝の視界に入らない、日の出る東夷の外に広がる世界にあった。とくに〝日本〟という地が中国文献にあったとすれば、それは空想的世界（『述異記』によれば重さ一斤もある金の桃の木がある地）に属するものであった。

日下・扶桑・日域・日本の国号化

しかし、重要なことは、こうした日下・扶桑・日域が大陸からわが国に到来したあとは、中国的観念（地理観・宇宙観）からは切り離されて、いずれもがわが国の別称として国号化していくのである。これは〝日本〟も同様であった。

周知のように、推古《すいこ》天皇十五（六〇七）年の小野妹子《おののいもこ》の遣隋使派遣のときに、「日出《い》づる処の天子、書を日没する処の天子に致す、恙無《つつがな》きや」（『隋書』倭国伝）とした国書を提出して隋の煬帝《ようだい》の不興を買った。この場合、日本側にとっては「日出づる処」が「東」で、「日没する処」が「西」という方位をあらわしていることは自明のことで、それは翌十六年の国書がこれを改めて「東天皇、敬《つつし》みて西皇帝に白《もう》す」（『日本書紀』推古天皇十六年九月条）としていることによって明らかである。煬帝の不興を買った原因はわが国も中国の皇帝（天子）と同様に天子を称した点にあるが、さらに「日出づる処」「日没する処」という言い方にもある。増村宏の指摘がすでにあるように、中国側の地理観—宇宙観からいうと、そうした言い方は東や西の方位を示すものでなく、天子の中心たる中国（中華）からみると天子のさいはて、天子の辺境をあらわすものであった（増村・一九八八）。「日没する処」は、中国の天子からみると西方はるか自己の支配の及ばない地ということである。これに対して、わが国にあっては、日（太陽）をもって東と西をあらわす即物的で素朴な方位観を保持していたのである。

〝日本〟の国号の採用は、もちろん中国的観念からの採用ではなく、日本的観念からの採用であって、それは単純に「日出処」＝東、「日没処」＝西という方位観であったのであり、〝東方〟にユートピアを感じとる感覚でもあった。

日向《ひむか》の高千穂宮にいたカムヤマトイワレビコ（神武天皇）は、「いづくに坐《ましま》さば、天《あめ》の下の政《まつりごと》を平《たい》らけく聞こしめさむ。なほ、東に行かむ」（『古事記』）として日向を出発し、大和の地へ向かった。『日本書紀』によると、「東に美《よ》き地《くに》有り、青山四周《あおやまよもにめぐ》れり」ということで神武東遷《とうせん》が開始されている。また、『日本書紀』景行《けいこう》天皇十七年三月条には、景行天皇が日向国子湯県《こゆのあがた》に行幸した折、東方を望見して「是《こ》の国直《なお》く日出づる方《かた》に向けり」と宣《のたま》ったゆえに、その国を日向と名づけたという日向起源説話をのせている。いわばそれは日神信仰とも結びつくものであるが、それは太陽そのものを神として崇拝するという太陽神祭祀ではない。吉田孝は、日神信仰は太陽そのものの信仰ではなく、日の出のときの太陽に対する信仰であるとしている点は重要である（吉田・一九九七）。夜明けとともに東の地平から毎日誕生する太陽に生命力の更新、生命の息吹きを感得する呪術的信仰がこの日神信仰の本質であって、この信仰は現在も続いている。

推古天皇八（六〇〇）年の遣隋使に倭国の風俗が記述されているが、そこでは「倭王は天を以て兄となし、日を以て弟となす。天未だ明けざる時、出でて政《まつりごと》を聴き跏趺《かふ》して坐し、日出ずれば便《すなわ》ち理務を停め、いう我が弟に委ねんと」（『隋書』倭国伝）として、未明の神事が述べられている。そこでは、中国とは違った日本的な天の観念（絶対化されていない天と人間界への通路をもっている天）とともに、日神信仰との関連性も想定できるのではないかと思う。

なお、天皇のことを「日の御子《みこ》」というが、それは天皇を太陽の子と考えているわけではなく、皇祖天照大神（日神の側面ももつ）の系譜を引く「日の御子」ということであって、天皇自身が万国を照らしたまう太陽の子であったということではない。このことは、「日本」という国号が天皇を太陽神とみる太陽神祭祀から生まれてきたものではないことを示している。その意味でも、『隋書』倭国伝にみえる「日出づる処の天子、書を日没する処の天子に致す、恙無きや」の国書は日本の国号成立の出発点である。

『新唐書』の日本と倭国

『旧唐書《くとうじょ》』と『新唐書』の大きな違いは、前者では冒頭「倭国は古《いにしえ》の倭奴《わのな》国《こく》なり」とあるが、後者では「日本は古の倭奴国なり」とある点であろう。

前者では、倭奴→倭国→日本国の段階が歴史としてふまえられているが、後者では倭奴→日本ということで倭国の歴史段階は抜けおちており、したがって必然的に無視されている。それは、『新唐書』が『旧唐書』とは違って、「日本伝」で一本化されて、「倭国」を個別のものとして考えているからであろう。なぜ、そうなったか。周知のように、『新唐書』では『旧唐書』を参照しながら、さらに東大寺の僧奝然《ちょうねん》（九三八～一〇一六）の献じた『王年代紀』が参照されている。奝然は円融《えんゆう》天皇の永観二（九八四）年に入宋し、太宗に謁見したとき、「銅器十余事ならびに本国の職員令・王年代紀各一巻を献」じたという（『宋史』日本伝）。『宋史』日本伝ではこの年代紀が詳しく引用されている。『新唐書』でもそれが参照されているが、省略され誤りも多い。その史料の引用は杜撰《ずさん》である。

増村宏・大和岩雄はこの『王年代紀』に注目して併合問題を理解した。『新唐書』日本伝が『王年代紀』によった部分に以下のような記事がみえる。

其《そ》の王（日本の―筆者注）姓は阿毎《あめ》氏、自ら言ふ、初王は天御中主《あめのみなかぬし》と号し、彦瀲《ひこなぎさ》（ウガヤフキアエズ―筆者注）に至るまで凡《およ》そ三十二（二十三カ）世、みな尊《みこと》を以て号となし筑紫城に居る。彦瀲の子神武、立ちて更《あらた》めて天皇を以て号となし、徙《うつ》つて大和州《やまとのくに》を治《おさ》む。

大和は、右の神武による筑紫城から大和州への遷都を、「筑紫城に居たときが倭国、その倭国王神武が東征して、大和州（小国日本）を併合したと解し、『新唐書』の小国日本が倭国を併合したとする記事を逆に倭国が小国日本を併合したと改めたのであろう」と指摘している。しかし、この大和の指摘はにわかには従えない。『王年代紀』は、筑紫城から大和州に徙《うつ》った、すなわち都を移したとしているだけであって、そこに倭国（筑紫）の日本（大和）の征服関係を読み取ることはできないし、筑紫城時代を倭国、大和州を日本とみることも『王年代紀』からは推測不可能であろう。

また、『宋史』日本伝の引く『王年代紀』をみると、神武天皇は「筑紫宮より入りて、大和州の橿原宮に居る、即位元年は甲寅なり、周の僖王《きおう》の時に当るなり」とあって、神武天皇の即位の年代を周の僖王（前六八一～前六七七年の在位）のときの甲寅（前六七七年）にあたるとしているのであって、紀元前のはるか昔のことであることは『新唐書』も理解していたはずである。

『王年代紀』を詳しく引用している『宋史』日本伝では、「日本国は本《もと》の倭奴国なり。自ら其の国日出づる所に近きを以つて、故に日本を以て名と為す。或は云ふ、其の旧名を悪《にく》みて之《これ》を改むるなりと」とあって、冒頭に日本号の由来が述べられていてスッキリしている。ところが『新唐書』では「日本は古の倭奴なり」と冒頭で記しながら、倭名の日本名への改号にもふれており、それは咸亨元（六七〇）年の「遣使し高麗を平《たいら》ぐを賀す」と、長安元（七〇一）年の朝臣真人の遣使の間で問題とされている。これでは、『旧唐書』の「倭国・日本伝」の二本立てをやめて「日本伝」に一本化した理由が不明となる。すなわち倭の歴史がうまく処理できていないのである。

『新唐書』は、『王年代紀』にみる天御中主以下の三十二（二十三カ）世の〝尊〟の神統譜と神武天皇以下の天皇系譜を日本国の『王年代紀』とみて、日本の歴史がたいそう古くさかのぼることを認識したはずである。『王年代紀』は正史『日本書紀』によっているのであるから、当然『後漢書』『魏志』『宋書』の倭人・倭国の歴史とは無関係の立場をとっている。『新唐書』日本伝では神武以下の天皇系譜が記されているが、そこでは「……次に敏達《びだつ》、次に用明《ようめい》、亦目多利思比孤《またためたりしひこ》と曰ふ、隋の開皇の末に、始めて中国と通う、次に崇峻……」とあるように、『王年代紀』では「日本」と中国王朝との通交は用明天皇の「目多利思比孤」（実際は阿目多利思比孤《あめのたりしひこ》）のとき、隋の開皇末年（『隋書』倭国伝では開皇二十〈六〇〇〉年に遣隋使がみえる）に初めて開始されたとしているのである。

こうしてみると、『新唐書』が『旧唐書』の倭国伝・日本伝の二本立てを倭国伝をおとして日本伝の一本立てにしたのは、紀元前六六七年の甲寅の昔までさかのぼる「日本」の歴史を記した『王年代紀』を参照したことによると判断される。しかしながら、この『王年代紀』を取り入れたために倭との関連性において一貫性のないもの（例えば倭から日本への改号が咸亨元〈六七〇〉年のあとになっている）になっている。

結局、『新唐書』において日本国と倭国の併合関係が『旧唐書』とは違って逆転しているのはよくわからないといわざるをえないが、しかし注意しておきたいのは、この併合関係の記事は『新唐書』が『旧唐書』に触発されて日本号への変更理由を考察した一説を取り上げたものであって、『新唐書』が独自の立場を示すべく『旧唐書』とは逆の立場をとる一説を取り上げただけのものかもしれない。ともかく、『旧唐書』や『新唐書』が併合関係を「或曰」(或る人曰《い》う)として、一説として記載しているのは、わが国の歴史から類推したものでなく、中国側が倭国と日本国を「別種」の二国とみて、その国号の変更理由を種々、編纂上、机上で考察した結果であろう。したがって、それは遣唐使粟田真人の遣使のとき、日本側が伝えた変更理由ではなく、それとは別箇の問題として考察されるべきであろう。

則天武后と日本

さて、〝日本〟という呼称は神野志隆光のいうように中国を発信源とする可能性をもっていた。このことを一歩すすめて、日本号は中国側(則天武后)が改めたということが『史記』の注釈書『史記正義』にみえる。『史記』五帝本紀第一の「東、長・鳥(島カ)夷」の注に『史記正義』がみえ、それが「括地志《かっちし》」を引用している。

(1) 括地志に云う(前略)、また倭国は西南大海の中の島に居る、凡《およ》そ百余国、京の南万三千五百里に在り、案ずるに武后倭国を改めて日本国と為す。

また、『史記』夏本紀第二の「島夷草服」の注にも『史記正義』がみえ、括地志を引用している。

(2)　括地志に云う（前略）、また倭国、武皇后改めて日本国と曰う、百済の南に在りて海を隔て島に依りて居る、凡そ百余国。

『史記正義』は唐の張守節の撰、開元二十四（七三六）年の成立であって、倭国から日本国への変更を体験できた時代である。一方、「括地志」は唐の太宗の貞観年中（六二七〜六四九）の撰であって、まだ倭国の時代である。(1)の「武后云々」が「括地志」のものであれば、その話は貞観年中にはありえないものであるが、「案ずるに」とあって『史記正義』の解釈であるから「括地志」のものでありえない（岩橋・一九七〇）。(2)では「括地志」の引用文の中にあるが、これはおそらく『史記正義』の「按ずるに」の部分がまぎれこんだか、「括地志」の文の中の細注であったものであろう。

中国側からすると、則天武后が倭国を日本国に改めたとする認識はありうる話かもしれないが、史実としてはそうしたことは今までの中国側の史料をみていてもありえないことであって、武后の承認により倭国から日本国への改号は公式のものとなった、国際的に認知されたものと理解すべきであろう。

日本国号の他称認識

もっとも、中国側が日本号を名づけたとする国号他称説については日本側にも平安時代に認識としてあった。すでにみたように、『日本書紀』の講書は平安時代に六度開講されたが、延喜四（九〇四）年八月開講の「延喜日本紀講記」（弘安本『日本書紀』巻一、書き入れ）に以下のごとくみえる。

問ふ、此《こ》の書、日本書紀と号《なづ》くること如何《いかん》。説きて云ふ。本朝のことを書するが故に云ふ。

又問ふ、何ぞ倭書と云はずして日本書と云ふ。如何。

説きて云ふ、本朝の地、東の極《きわみ》に在りて日の出づる所に近し、又嘉名《かめい》を取る。仍《よ》りて日本書と号く。

又問ひて云ふ、□□（倭国カ）を改めて日本と為すこと、唐国よりや、はた本朝よりや。

説きて云ふ、唐より号くる所なり。

このときの博士藤原春海《ふじわらのはるみ》が唐の他称説を主張した理由は、本朝が唐からみて日の出る東の極にあるからという理由からであった。これは中国側の認識と一致している。

このことは、『釈日本紀』巻一、開題にも引用されている。

問ふ、大唐此の国を謂《い》ひて倭と為す。而《しか》るに今日本と云ふは、是れ唐朝の名づくる所か、将《は》た我が国の自称か。
答ふ、延喜講記に曰はく、唐より号づく所なり。隋の文帝《ぶんてい》の開皇中、入唐使小野妹子、倭号を改めて日本と為す。然《しか》して隋皇物理に暗きに依りて、遂に許さず。唐の武徳中に至りて、初めて日本の号を号づく。

右の『釈日本紀』が「延喜講記」を引用したのは、承平六（九三六）年開講の承平年度の『日本書紀私記』（博士は矢田部公望）を引用しているのかもしれないが、これも他称説の立場に立っている。あとに続く小野妹子の遣隋使のとき、倭号を改めて日本と称して派遣されてきたとするのは、「日出づる処の天子」からの発想であろうが、もちろん史実ではない（文帝の開皇年中〈五八一～六〇〇〉も史実でなく、小野妹子の派遣は大業三〈六〇七〉年である）。また、武徳年中（六一八～六二六）は高祖のときの年号で、このときに唐とわが国の通交はまだ始まっておらず、それが始まるのは太宗の貞観四（六三〇）年、わが国では舒明天皇二年（犬上《いぬかみの》御《み》田鍬《たすき》）のときであった。

また、『日本書紀私記』丁本（承平度の私記）には以下のような問答がみえる。

此の時参議紀淑光《きのよしみつ》朝臣問ひて曰はく、倭国を号して日本と云ふ、其の意如何《いかん》、又何代より始めて此の号有るか。

尚複(復カ)答へて云はく、上代皆倭国・倭奴国と称《とな》ふなり。唐書に至りて始めて日本の号見ゆ。発題の始、師説此《か》くの如し。

師説、日本の号恵帝の時に見ゆと雖《いえど》も、義理明かならず、但し隋書東夷伝に云はく、日出づる国の天皇（天子の誤り―筆者注）謹みて日没する国の皇帝（天子の誤り―筆者注）に曰す者《てえり》、然れば則《すなわ》ち東夷日出づるの地に在り、故に日本と云ふか。

参議又問ひて曰はく、倭国大唐の東に在り、日出づる方に見ゆと雖も今此の国に在りて之を見れば、日は城(域カ)内より出でず、而《しか》も猶ほ日出づる国と云ふか、又日本の二字を訓《よ》みて倭《やまと》と云ふ、其の故如何。

博士答へて云はく、文武天皇の大宝二年は大唐の則天武后の久視三年に当るなり、彼の年の遣使粟田真人等大唐に入朝す。即ち唐暦に云はく、是の年日本国使を遣はして貢献す。日本は倭国の別名てへり。然れば則ち唐朝日出づる方に在るを以ちて号して日本国と云ふ。東夷の極、因りて此の号を得るか。

長い引用となったが、この問答はおもしろい。聴講者参議紀淑光の日本号への改号の質問に対して、まず尚復（復唱役）は『唐書』に至って初めて日本号がみえてくるが、それ以前は倭国であったと師説を復唱する。師説（博士矢田部公望）は、『隋書』東夷伝（倭国伝）を引いて、日本号の由来は日出ずる東夷の地によると答えた。これに対して淑光は、わが国は確かに大唐の東にあって日の出る方向にあるが、わが国を基軸においてみると日はわが域中からは出ないのにそれでも「日出づる国」というのか、また日本をどうして倭（ヤマト）と訓《よ》むのかと再度質問する。これに対して博士は、『唐暦』を引用して、日本は倭国の別名であること、したがって唐王朝がわが国（倭国）は日の出る方向にある東夷の極の地であることを理由として名づけたものであるとする他称説を主張している。ただ、日本をヤマトと訓むことについてはふれていない。淑光の質問は結局、他称説を再確認する質問となったのである。他称説は本来〝日本〟という呼称に内在している性格から出でくるものであった。日本とは何か、また日本側がその意味をどのようにとらえたかは改めて後述するが、次に章を改めて日本号制定の時期を考えてみたい。

日本国号の制定

日本号成立直前の対外関係

『三国史記』の日本号

中国（唐）への日本号使用は粟田真人《あわたのまひと》の遣使の大宝二（長安二〈七〇二〉）年であったが、それ以前に対新羅外交に対して日本号が使用された。それを示すのが『三国史記』新羅本紀《しらぎほんぎ》・孝昭王《こうしょうおう》七（六九八）年三月条である。

日本国使至る。王、崇礼殿に引見す。

『三国史記』は朝鮮半島の新羅・高句麗《こうくり》・百済《くだら》の三国の歴史を記述した朝鮮最古の史書で、金富軾《きんふしょく》の撰、一一四五年の成立。右の記事に対応するのは文武《もんむ》天皇二年にあたるが、『続日本紀《しょくにほんぎ》』には該当記事はみえない。しかし、同元年十月に新羅使金弼徳《きんひつとく》らが来朝しており、二年正月には文武天皇の下で新羅使の拝賀、調物《ちょうもつ》の貢上があって、二月に帰国の途についたことが『続日本紀』にみえる。したがって、この新羅使の帰国に際して返礼のため遣新羅使の派遣があったのではないか、それが『三国史記』新羅本紀の記事にあたるのではないかとする見解があり注目される（鈴木・一九八五、佐伯・一九八八、新蔵・二〇〇三）。

『続日本紀』には文武天皇四（七〇〇）年五月に佐伯宿禰麻呂を遣新羅大使として派遣し、十月には帰国した記事がみえるが、先の『三国史記』新羅本紀、孝昭王七（六九八）年の日本国使の記事は、『続日本紀』にはみえないものの『続日本紀』にもれたものと判断される。

なお、『三国史記』新羅本紀、聖徳王二（七〇三）年七月条にも、

　日本国使至る。惣じて二百四人なり。

とある。その人数の多さからみても、孝昭王の薨去《こうきょ》にともなう弔賻《ちょうふ》の使者であったろう。孝昭王は『三国史記』新羅本紀によれば、十一（大宝二、七〇二）年秋七月に「王薨《こう》ず」とある。ところが『続日本紀』の方をみると、大宝三（七〇三）年正月に新羅使金福護らの孝昭王の喪を告げる使者が来朝しており、閏四月にこの新羅使を難波館で饗応した。そのときの新羅使の表文には、孝昭王は「去《い》にし秋より疾《や》みて、今春を以て薨し」たとある。

この孝昭王の死亡年月について、青木和夫他校注の新日本古典文学大系本『続日本紀』一（一九八九）の注に、「この表は正月に来着した使者が持参したものであるから『去秋』は七〇一年、『今春』は七〇二年をいうが、七〇二年七月に没したとする『三国史記』新羅本紀の記述と異なる」としている。七〇二年の春と秋の違いであるから、現在はその相違を問題としないが、時間的にみれば春より七月の方が常識的には妥当性が高いか。この孝昭王の喪を告げた金福護らは五月に帰国しているので、先の『三国史記』の七〇三年七月の「日本国使至る」の記事はその喪に対応したものであったと判断できる。もっとも『続日本紀』によれば、同じ大宝三（七〇三）年九月に波多《はたの》朝臣《あそみ》広足《ひろたり》を遣新羅使に任命する記事があり、十月に天皇が大安殿において波多広足らに衾《ふすま》・衣《きぬ》を賜わっている。そして、慶雲元（七〇四）年八月に新羅から帰国している。この使者が孝昭王の弔賻のための使者であったとすると、『三国史記』には七月とあるので月日があわないが、この月日の違いをもって『三国史記』の記事を否定してしまうこともできないだろう。孝昭王の薨去に対して弔賻の使者が派遣されたという点では、『三国史記』も『続日本紀』も一致しているとみてよいからである。『続日本紀』と『三国史記』のズレは種々みられるが、そのズレは情報不足や記載もれ、錯誤、そして造作・作為の場合もあったであろう。したがって、孝昭王七（六九八）年と聖徳王二（七〇三）年の「日本国使至る」の記事は、日本国号の使用を考えるうえで価値をもつ史料であり、日本国号の使用が唐より以前に新羅に対して用いられていたと判断できる。

白村江以後の朝鮮半島

周知のように、唐・新羅連合は六六〇年八月に百済《くだら》を滅ぼし、さらに北方の高句麗をも滅亡（六六八年九月）させるが、この間、わが国は遺臣鬼室《きしつ》福信《ふくしん》らの百済復興運動に手を貸し半島に出兵するが、唐・新羅連合に白村《はくそん》江《こう》の戦いで敗れ（六六三年八月）、朝鮮半島から全面的に手を引くことになる。朝鮮半島では唐が旧百済領に熊津《ゆうしん》都督府（公州）以下五都督府をおき、その下に三七州・二五〇県をおき羈縻《きび》州支配を強めようとしたが、唐が北方の高句麗征討の軍を展開した隙《すき》をぬって、新羅は百済旧領を併合することになる。一方、高句麗滅亡後、唐は翌六六九年に旧高句麗領に九都督府・四二州・一〇〇県をおき平壌《へいじょう》に安東郡護府をおき羈縻州体制で統治しようとしたが、高句麗遺民の反乱と新羅の支援もあって実効支配をあげることができなくなった。

百済・高句麗の滅亡後、半島では唐と新羅との対立に転化する。結局、六七五年、新羅は唐を朝鮮半島から遼東半島に撤退させることに成功する。唐は翌六七六年、安東都護を平壌から引きあげ遼東に移すことによって、朝鮮半島は事実上新羅によって統一された（堀・一九九三）。

このように半島における唐と新羅の覇権をめぐる争いが展開する中で、わが国の新羅や唐に対する対応も、敵対関係から友好関係に変わってくる。例えば、『日本書紀』天智天皇八（六六九）年是歳条に河内鯨《かわちのくじら》を大唐に派遣したことがみえ、続いて大唐では郭務悰《かくむそう》ら二千余人を遣わしてきたとある。前者については、『新唐書』日本伝や『唐会要』倭国に「咸亨《かんこう》元（六七〇）年、使を遣わし、高麗（高句麗）を平らぐを賀す」の記事があって対応している。要するに唐の高句麗征服を祝賀するわが国の遣使であって、東野治之《とうのはるゆき》のいうように唐への実質的な降伏表明の意味をもっていたのかもしれない（東野・一九九九）。後者の記事については、同じ内容の事がより詳しく天智天皇十（六七一）年十一月条にみえ、「唐国の使人郭務悰等六百人、送使沙宅孫登等一千四百人、総合《す》べて二千人、船四十七隻に乗りて」来朝した。すでに指摘されていることであるが、これは天智紀には多い重複記事であって、内容のより詳しい十年の方の記事を採用すべきであろう。

右の二〇〇〇人の内容は議論があるところであるが、今回は国号問題から離れるので結論のみをいえば、筆者は二〇〇〇人のうちの多くは百済救援の役で唐側にとらえられた日本人の捕虜や旧百済領からの亡命者（『三国史記』新羅本紀、文武王十一〈六七一〉年条によれば、新羅はこの年の六月～八月にかけて旧百済の熊津・泗沘《しひ》など大半を略取した）で構成されていたであろう。それは河内鯨の派遣によって、捕虜の帰還が実現したものと理解している。

新羅との関係

一方、新羅との関係は『日本書紀』天智天皇七（六六八）年九月条に新羅が金東巌らを遣わして調進するとの記事がみえる。斉明二（六五六）年以来みえなかったこの新羅使は、旧百済領をめぐって対立する唐勢力を駆逐するために日本との友好関係を回復しようとする意図をもっていたとみなされよう。新羅のわが国への遣使は、天智朝期ではこのあと天智天皇八年九月条・十年六月条・同年十月条にみえる。

この時期、新羅と旧百済領をおさえていた唐軍との対決は、唐側でも日本への働きかけがみられた。天智天皇十（六七一）年正月条に百済の鎮将劉仁願が李守真らを派遣してきた記事がみえる。ただし、劉仁願は六六八年に雲南《ウンナン》に配流されているので、これは李守真らが日本側に名の知れた百済鎮将劉仁願の名を騙《かた》って派遣されてきた唐人であったろうといわれている（池内・一九六〇）。

さらにこの年二月に百済が台久用善《だいくようぜん》らを派遣してきた。さらに六月に「百済の三部の使人の請す軍事を宣ふ」という記事があって、続けて百済が羿真子らを派遣してきた（『日本書紀』天智天皇十年二月、六月条）。この一連の百済による使人の派遣は、唐軍の李守真らの来朝と連動した動きであることは、七月条に「唐人李守真等、百済の使人等、並に罷《まか》り帰りぬ」とあることによって理解できる。先の六月条にあげた「百済の三部の使人の請す軍事を宣ふ」というのは、よくわからない点もあるが、おそらく旧百済領にあった熊津都督府の唐鎮将や旧百済王族扶余隆の日本側に対する軍事動員要請に対する天智天皇の宣下があったという意味であろう。この宣下の内容は具体的に『書紀』には述べられていないが、おそらく日本側はその要請に対して中立的立場をとって動かなかったのであろう。その結果、七月の李守真らと百済の使人はむなしく帰国したものと理解しておきたい。

新羅はこうしたわが国の中立的姿勢に対して、わが国の要求する「朝貢国」という立場をとることによって友好関係を構築しようとした。

わが国の基本的政策としては、伝統的に朝鮮三国（とくに百済・新羅）を服属国とみなしていたから、唐との間ではその「対等性」を維持するために隋以来唐に対してもその冊《さく》封《ほう》体制下に入ることは選択しなかった。しかし、隋・唐への遣使は朝貢国という立場にならざるをえなかった。したがって、唐との関係は「不臣の客」（西嶋・一九六二）としての朝貢関係であった。それは唐からみると冊封体制下にある新羅を蕃客《ばんかく》とするなら、日本は東ローマ帝国と同じような蕃客の外に位置づけられる「絶域」の国（仁井田・一九六四）であった。わが国は「絶域」に身をおくことによって、すなわち冊封体制には入らないという基本方針によって、逆の意味で新羅を蕃国（外蕃）として、朝貢国として位置づけようとした。律令の規定（公式令、詔書式の集解の古記）では、対等国である隣国と下位に位置づけられる蕃国を区別して、「隣国は大唐、蕃国は新羅なり」として、唐と新羅とを差別していた。『続日本紀』には新羅王に対して勅書を賜いて曰わく「天皇敬ひて新羅王に問ふ……」（慶雲三年正月条）、あるいは「天皇敬ひて新羅国王に問ふ……」（慶雲三年十一月条）となって、「天皇敬問二某（国）王一」という勅書の書式になっている。これは中国の皇帝が外蕃（蕃国）の王に賜わる勅書と同じ形式である。重要なのは天皇号である。遣唐使の使者は国書を携えていったようであるが、その国書には中国王朝の皇帝や天子と同格の意味をもつ天皇の号は避けられたし、中国側もわが国に対して天皇号を認めることはなかった。逆に新羅に対してはそれが使用されたのである。いわば、「天皇」は、新羅王の「王」に対して優位にたつ称号である。

ただし、こうした朝貢—冊封体制という概念で複雑な力関係で動く国際関係を秩序化し、規定してしまうことには無理がある。以下では冊封体制の問題点を考えてみたい。

朝貢と冊封体制

朝貢とは、中国王朝の皇帝と諸外国（蕃国とみなしている）との間における儀礼関係で、諸国の王（首長も含む）の使者は皇帝の朝礼の場（朝廷）に参列する、また進上物（貢物）を捧げる形で臣下の礼を表明することである。これは皇帝にとっては、その徳を慕って蕃国の王が進上物をもって朝廷の場に拝礼にきたということで、皇帝の権威を内外に示す場となった。そして、よくいわれるように、その進上物に対して皇帝から高級かつ莫大な回賜品（返礼物）が下賜されることによって、一つの政治的な交易（朝貢貿易）が成り立つ形になっていた。中国に対して外交関係をもつ国々は、すべてが外交の場では「朝貢」するという形をとるから朝貢だけでは中国との複雑な政治関係を読み取れない。

とくに唐との政治関係でよく指摘されるのは冊封体制である。これは国内の爵位制を外部の周辺諸国にも及ぼしたもので、皇帝は周辺諸国の王・首長に対して、冊書《さくしょ》（勅書）をもって爵位・称号・官位などを授けて臣下（外臣）として封ずる（冊書をもって封ずる）もので、これによって宗主国の皇帝と蕃国（藩屏国《はんぺい》）との安定的な君臣関係が成立した。この君臣関係のゆえに蕃国の王は皇帝の定めた暦を頒布され、中国の年号を使用せねばならなかった。

この冊封体制の提唱者である西嶋定生《にしじまさだお》は、冊封された王（君長）の義務について、一般的には、(1)歳貢（朝貢）の義務（毎年を原則、遠路は三年）、(2)皇帝の征討への要請による助兵の義務、(3)隣国が中国に使者を派遣した場合、その使者を妨害してはならないなどの義務があるが、一方、(4)諸王は中国王朝に対して救援を求めることができる旨を列挙している（西嶋・二〇〇二）。

この冊封体制は皇帝が外臣王となったその国を領有―支配するものでないから、この体制は現実の両者の力関係によって、また複雑な政治的事情によって容易に改変される。その意味では、冊封体制というより冊封関係という方がよいかもしれない。

冊封体制というのは、あくまで中国王朝側からみた論理であるから、逆の立場からみた場合、冊封体制下に入る（あるいは冊封関係を結ぶ）ということは、皇帝との間に友好関係を確立すること、ある種の軍事同盟を結ぶことを意味したであろう。それは周辺諸国が超大国中国王朝との間に政治関係をもつ一つの歴史的なあり方であった。

岡田英弘は、「朝貢は中国に対する『形式的な服属関係』の表現でもなんでもなく、むしろ皇帝から大なり小なり独立した勢力の代表者である証拠である。言いかえれば朝貢とは友好関係の表現であり、皇帝の支持者・同盟者であることを示すものなのだ」といっている。この言い方にあるいは反対される論者もいようが、中国王朝側からの見方でなく、周辺諸国の王の側からみた場合、「友好関係」「同盟者」ということはあたっていると思う（岡田・二〇〇一）。

朝貢国として

わが国は朝貢国として唐と友好関係を結んだが、それは冊封体制下にには入らない、唐とは一定の距離をおいた「不臣の朝貢国」で、その遣使は二〇年一貢という取りきめ（東野・一九九二）であったから、まさに絶海（域）の国としての中国との関係の結び方であった。わが国が中国の冊封体制下に積極的にかかわったのは倭五王の時代で、南朝宋の五世紀代であった。当時のわが国は三世紀後半以降の対高句麗戦（好太王《こうたいおう》碑文）のあと、朝鮮半島に積極的に軍事介入しようとしていたからである。それは倭王武の上表文（四七八年）によくあらわれている。しかし、六世紀以降、南朝（斉・梁・陳）との通交はやめ、国内の体制づくりに力を尽すようになる。わが国は冊封体制に参入することを戦略として回避したといえよう。周辺諸国が中国の冊封体制下に入る（あるいは冊封関係を結ぶ）ということは、中国皇帝の外臣となることであるが、それは中国の服属国となることではなく、君臣関係という形（儀礼）を通しての軍事的同盟関係の成立がその本質であったろう。五世紀代における高句麗の南朝宋と北朝北魏との二面的外交（両朝の冊封体制下に入る）は、その端的なあらわれである。その意味からいって、六世紀以降のわが国（倭国）は軍事的には朝鮮半島から撤退するという戦略をとったと理解してよい。

ところで、唐と周辺諸国との政治的関係には羈縻《きび》州体制がある。これはすでにみたように、唐が征服した旧百済・高句麗領を間接統治しようとしたもので、征服した旧王・有力首長を都督府・州・県の長官に任命して、都護府がそれらの地方機構を監督するという体制であったが、新羅や旧百済・新羅領内の住民の抵抗にあって成功しなかった。さらに強国突厥《トックツ》・回紇《カイコツ》（ウイグル）との間では父子・兄弟関係という対等に近い関係が成立した。いわば唐と周辺諸国との関係は、(1)単なる朝貢国（「不臣」の朝貢国）、(2)冊封関係、(3)羈縻州支配、(4)父子・兄弟関係、(5)敵対関係など多様な政治関係が唐を中心に結ばれていて、その外被の中で現実的な政治力学が可変力として働いていた。

堀敏一は、「中国の天下観念のもとでは、対等な国を敵国と称したわけです」といっているが、すでにみた突厥・回紇との関係でも父子・兄弟という家族関係に擬制《ぎせい》させることによってその対等性（敵対性）を友好関係に改変したといえよう。堀は、「日本側が対等を望んだということはありますが中国側が認めたわけではありません」（堀・一九九四）として、日本の対中国（隋・唐）との「対等外交」という点に疑問を提出しているが、すでにみたように、わが国は朝貢国という立場で中国との友好関係を確認する一方、対新羅を朝貢国と規定することで、対中国に対する「対等性」あるいは独立性を主張したともいえよう。それが可能であったのは、わが国が中国大陸からは一定の距離をおいた辺境国であったからである。このことは、頻繁に中国との朝貢を展開したかにみえるわが国の遣唐使を例にとってみても、遣唐使は二〇年一貢の約定で（実際は平均すると一七・八年に一度）あり、一五回を数えるだけである。しかし、冊封体制下にあった新羅の遣唐使はほぼ毎年、ある場合には一年に二回以上も派遣されており、その回数もその開始（六二一年）から唐滅亡（九〇七年）まで三〇〇回に近いといわれている（西嶋・一九九四）。中国の周辺国家であった新羅と辺境国日本との中国王朝へのかかわり方の違いである。

新羅の日本への朝貢

わが国と新羅との関係は、『日本書紀』では天皇と新羅王との朝貢関係という位置づけであるから、わが国の朝廷の場でも新羅使に対して「臣礼」（上表の礼式や調物《みつきもの》の貢進、そして正月拝賀の礼など）を要求したのかもしれないが、それは新羅がわが国に服属するという立場を表明したということではなく、基本的には友好関係を「朝貢」という儀礼的な形で表現したということである。新羅のわが国への「朝貢」は天武《てんむ》・持統《じとう》朝になっても盛んになり、天武朝前半にはほぼ毎年、天武朝後半からは二年に一回くらいの割合で継続しており、その関係は良好であった。

したがって、日本号は天皇号と相俟《ま》って「日本天皇」という形で対外的には唐よりまず新羅に対して用いられたと考えるのが自然であろう。その最初の使用の時期がいつになるかは、日本号のわが国における制定の時期に規定されるが、天智《てんじ》以降、天武・持統朝にみられるわが国と新羅との緊密な外交関係からみても、『三国史記』孝昭王七（六九八）年より前である可能性は高い。

日本号の制定時期

日本号と天皇号

日本号制定の時期はいつごろか、ここで問題とするのは〝日本〟という国号の起源・由来でなく、公式に国号としてわが国で制定もしくは採用された時期である。すでに東野《とうの》治之《はるゆき》や吉田孝によって指摘されているように、『日本書紀』天武《てんむ》天皇三（六七四）年三月条に「対馬国《つしまのくにの》　司《みこともちの》　守《かみ》忍海《おしぬみの》　造《みやつこ》　大国《おおくに》言《もう》さく『銀《しろかね》始めて当国《このくに》に出でたり。即ち貢上《たてまつ》る』とまうす。是に由りて、大国に小錦下位《しょうきんのげのくらい》を授けたまふ。凡《およ》そ銀の倭国に有ることは、初めて此の時に出《み》えたり」とある。吉田孝は、ふつう『書紀』ではヤマトは「日本」表記で統一されているが、ここでは「倭国」とあるのは、原史料の表記によったものであるとして、これ以後『大宝令《たいほうりょう》』（大宝元〈七〇一〉年施行）

の公式令《くしきりょう》で「日本天皇」の制定される間、制度的には『飛鳥浄御原令《あすかきよみはらりょう》』（天武天皇十年〈六八一〉制定、持統《じとう》天皇三年〈六八九〉施行）で日本が国号とされたといわれている（東野・一九九二、吉田一九九七）。

近時の研究史をみると、この浄御原令成立説が有力説とみてよいが、一方、大宝令成立説もその勢いがあった。この大宝令成立説は、日本号と天皇号の成立を一体のものとみて、公式令詔書式で「日本天皇」が初めて制度的に成立したとする。すなわち、律令国家の成立＝古代国家の完成（確立）＝古代天皇制の確立であるとみて、「日本天皇」はまさにその象徴的表現であるとする。この見解は、(1)図式的形式的なものであって、(2)あまりにも日本号の成立に大きな比重をもたせすぎていること、(3)天皇号と日本号を不可分のものとみる先入観があること、(4)日本国号を唐との関係に収斂《しゅうれん》しすぎていることなどを問題点としてあげることができる。

(1)についていえば、日本古代国家の形成史というよりは、成立史に重点をおき、「日本天皇」を律令国家＝大宝令に収斂しようとするもので、三世紀以来の長い国家形成史（ヤマト政権・ヤマト王権）の歴史事情を捨象・軽視するものである。すなわち、国家成立（確立）に比重をおきすぎると、過程上に起った種々の事件、制度改革の成果がすべて「完成」の時点に収斂されてしまい、歴史のもつ連続性という側面が捨象されてしまう。(2)は(1)と関連することであるが、わが国の国号の本体は「ヤマト」であって、〝日本〟号が成立しても「日本」は国内ではヤマトと訓じられていたという事実をもう少し重く認識すべきではなかろうか。(3)については、天皇号出現の時期は推古朝ごろまでさかのぼる可能性がある。それは君主の呼称の一つであって、律令では君主の宣命《せんみょう》（天皇の命令を宣《の》る）―詔書（天皇の命令を伝える文書）における呼び名である。儀制令では、「天子、祭祀に称する所。天皇、詔書に称する所。皇帝、華夷《かい》に称する所。陛下、上表に称する所」とあって、君主の呼び名が「天皇」号だけに特化しているわけでない。また宣命―詔書における「天皇」はスメラミコトと訓じられていたように、「天皇」という文字表記よりも「スメラミコト」と呼び名に固有性と伝統性があらわれている。スメラミコトの「スメラ」は、尊貴性・神聖性をあらわす語句で、「皇神《すめかみ》」「皇御孫命《すめみまのみこと》」「皇祖《すめろき》」の「皇《すめ(ら)》」にあたる。また、「ミコト」は「命《みこと》」で、『古事記』では歴代天皇名が「神倭伊波礼毗古命《かむやまといわれびこのみこと》」というように、『書紀』の「〜天皇」とは違って「〜命」で統一されている。いわば高天原《たかまがはら》の天神（天照《あまてらす》大神《おおみかみ》）の豊葦原瑞穂《とよあしはらみずほ》国の統治委任の大命を受けて「皇御孫命」（ニニギノ尊《みこと》）が天降るという神代の天孫降臨《てんそんこうりん》思想の背景をもって生まれたものだろう（小林・一九九四）。

一方、日本号は国内的に固有の国号として通用するヤマトを、対外的用字として倭にかえて日本と表記したものである。もちろん、対外関係上、日本をニホン・ニッポンと音読みしたのであろう。

したがって、日本号と天皇号とはその成立史においては、そのおのおのの独自性を追究すべきであろう。

(4)については、唐以前にすでに新羅《しらぎ》に対して使用されていたという事実を重くみるべきであろう。(4)については、少々議論が必要である。

冊封と朝貢

石母田正《いしもだしょう》は、「朝貢関係にある国家間において朝貢国の国号の変更は被朝貢国にとってかんたんに承認される性質の問題ではなかった」「新羅がその国号を『王城国』に改めて来朝したとき、日本がそれを責めて使を返した事実を想起すべきである」として、唐との関係を重視した(石母田・一九七三)。東野治之も、『史記正義』で「武后が倭国を改めて日本国と為した」という記事を引いて、この伝えのもつ意味は重要である、「ふつう国号は、蕃夷の君主が皇帝から授けられる称号の中に含まれる。後にもふれる通り日本の天皇は、唐の冊封《さくほう》を受けてその地位を認められるという立場ではなかったが、唐にとって臣下であることに変わりなく、国号の変更は皇帝の許可のもとになされねばならなかったはずである」といわれる（東野・一九九二、同・二〇〇七）。さらに神野志隆光《こうのしたかみつ》は、「日本と、自分で決めただけでは意味がない。受け入れられてはじめて意味をもつが、古代東アジア世界において、その決定権は中国にあった。『日本』は中国（当時は則天武后《そくてんぶこう》の周）が認めて国号となりえた」「それは武后が『倭国』を『日本国』に改めるというかたちで承認された」といわれている（神野志・二〇〇五）。

わが国の外交は、すでにみたように、五世紀の倭五王の段階では宋王朝の冊封体制下に進んで参入し朝鮮半島問題を軍事力を含めて解決しようとしたが、六世紀以降南朝との通交をもたず、七世紀の遣隋使に至る。遣隋使・遣唐使では冊封体制下に参入することなく、〈不臣の外客〉〈絶域の朝貢国〉として朝貢外交を展開した。そして、朝鮮三国（高句麗《こうくり》・百済《くだら》・新羅）を服属国としてみなす立場から、隋・唐に対しては独立国家としての「対等外交」を模索した。例えば、大業三（六〇七）年の遣隋使のときの国書の「日出づる処の天子、書を日没する処の天子に致す、恙《つつが》なきや、云々」は、「対等性」を主張するものとしてよく引用される。もっとも、中国側はわが国を朝貢国として位置づけており、裴世清《はいせいせい》がもたらした国書には、「皇帝、倭皇（王カ）に問ふ……」（『日本書紀』推古《すいこ》天皇十六〈六〇八〉年八月条）としていて、「皇帝—王」（この場合、倭皇は『書紀』編者の改変とみるのが有力説）

の上下関係が強調されているのである。遣唐使の時代に入って、第一回の遣唐使犬上御田鍬《いぬかみのみたすき》の派遣があったが、帰国の際、唐からは高表仁《こうひょうじん》が倭国に派遣された。しかし、高表仁は難波津《なにわづ》まできたところで「王子（王とも）と礼を争い、朝命を宣べず」に帰国したという（『旧唐書《くとうじょ》』倭国日本伝。『通典《つてん》』辺防一、倭）。これは、唐側がわが国を冊封しようとしたが拒否されたという説もあるが、〝礼〟を争うということからみると、高表仁の方がわが国に対して朝貢国として王子（王）に〝臣下の礼〟をとることを要求したのに対して、日本側の方は高表仁に〝対等の礼〟を要求して対立したということであろう（沈・二〇〇三）。

わが国が六世紀以降、とくに隋・唐時代に冊封体制下に参入する方策を選択せず、〈不臣の外客〉〈絶域の朝貢国〉で通したのは対朝鮮政策の転換のゆえであろう。すなわち、五世紀代（倭五王）では、高句麗の南下と加羅《から》諸国への脅威、わが国の南部朝鮮での重大な権益の確保という課題もあって、軍事的に深く半島にコミットするために進んで宋王朝の冊封体制下に参入したものである。この場合、冊封体制に入るか入らないかというのは周辺諸国の主体的な外交政策の一つとしてありえたものであって、中国側の強制力によるものではない。すでにみたように、朝貢―冊封といっても、それは中国を中心とした一つの見方（論理）であって、それによって周辺諸国の側のもっている主体性（外交力）を無視してよいものではない。倭五王段階の冊封は、当時の倭国の外交方策の一つとして選択されたものであった。六世紀代に入ると、百済と新羅の強国化があり、六世紀後半、いわゆる「任那日本府」の滅亡（実際は、大加耶《かや》滅亡—五六二年）によって朝鮮半島から撤退を余儀なくされる。これによって、わが国は半島に軍事的に深くかかわる政策をやめたのである。

石母田らの見解は、あまりにもわが国と唐との関係を緊密なものと考えすぎている。朝貢のもつ意味を過大に評価しすぎている。

独立国日本

すでにみたように、わが国と唐の通交・遣使も実際は一五・六回ほどにしかすぎなく、冊封下にあった新羅の唐への三〇〇回近くの遣使にくらべるとわずかでしかない。唐にとっては、わが国は〈不臣の外客〉〈絶域の朝貢国〉にすぎない。したがって、わが国の国号の変更は、唐の外交関係の中で重要な問題となるものではなかったはずである。この点では、年号も国号とともに冊封体制下にある国の重要問題となる。年号（元号）の制定は、その本質をみると、天子（皇帝）が自己の支配下にある人民の〝時間〟をも管理しているというところにあり、君主制の一つの特徴である。独自の年号をもつということは、その意味で独立国の証しであった。新羅は真徳女王のとき（六四八年冬）、使者を大唐に派遣した。このとき、唐の太宗は新羅はわが朝廷に臣事する国であるのにどうして唐とは別の年号（新羅は太和という元号を定めていた）を称《とな》えているのかと詰問した。これに対して新羅使は、いまだかつて天朝（唐）から暦を頒与されたことがないので、先祖の法興王以来、独自の年号を使っていると答えている（『三国史記』新羅本紀、真徳王二年三月条）。新羅では、わが国より早く、法興王二十三（五三六）年に独自の年号の建元を用い始めている（『三国史記』法興王二十三年条）が、ここにおいて真徳王四（六五〇）年になって、中国の年号である永徽《えいき》の年号を用いるようになったのである。唐の年号を自国に使用することは、中国の天子の暦（正朔《せいさく》）の賜与を通して、天子（皇帝）の時間（紀年）に組みこまれることを意味した。これは、琉球《りゅうきゅう》の場合も同様で、琉球では明《みん》・清《しん》王朝の冊封下にあったため、年号は中国の年号を使用し続けていた。それが明治五（一八七二）年から始まった琉球処分によって王制が廃止され、明治政府の府県制の下に沖縄県として組みこまれたことによって明治という年号を使用することが強制された。

わが国の場合、年号が中国側によって問題化されたことはない。その点でも冊封下にあった新羅とわが国の違いがある。中国の周辺国としての新羅と、辺境国としての日本とのこの「距離」のもつ違いは注目すべきことである。ある意味では、わが国は唐との外交関係においては、常に一定の距離を措《お》いた関係に終始したのである。

日本国号の本質

日本国号は、すでに述べたように、まず対新羅外交との関係で語られるべきであろう。この日本国号の本質（イデオロギー的意味）は『日本書紀』神功《じんぐう》皇后即位前紀の新羅征討譚《たん》によくあらわれている。皇后（オキナガタラシ姫）の船が対馬の和珥津《わにのつ》を発ち、天照大神と住吉大神の加護のもとに新羅に至ると、新羅王は戦々慄々として為《せ》ん術《すべ》もなかった。そして「吾聞く、東に神国有り、日本と謂ふ。亦《また》聖王有り、天皇と謂ふ。必ず其の国の神兵ならむ。豈《あに》兵を挙げて距《ふせ》くべけむや」として素旗《しらはた》をあげて服属したとある。

右の話では、東方の神国「日本の天皇」に新羅王が服属し朝貢を誓ったとしており、日本の国号が新羅との間の臣属関係を示す形であらわれている。

すでに神野志隆之は、「『日本』の本質は……朝鮮を服属させる帝国として自らを表象することにあった」とし（神野志・二〇〇五）、田村圓澄も「朝鮮半島の政治的統一を実現した新羅を『蕃国』として位置づけること、これまでの『倭』の称号を『日本』に改変することは同質であった」(田村・二〇〇二)、高森明勅《あきのり》も「『日本』という国号はおそらく対外的にまず新羅にしめすことを念頭において定められたのであろう」(高森・二〇〇二)と述べている。三者の見解は重要な指摘であるが、ただ日本国号が事実として対新羅に示すべく定められた、あるいはつくられたというように直截的に解釈してしまうと誤りになる。日本国号には由来(誕生)→制定(採用)→使用という歴史過程があるから、その事情はのちに明らかになるように少々複雑であるからである。神功皇后の新羅征討譚は、白村江《はくそんこう》敗戦後の東アジア世界の中で対新羅との関係性を過去にさかのぼらせて理念的に物語化したものであって、その際、「日本」「天皇」「神国」「神兵」の呼称が新たに新羅を「蕃国」「朝貢国」「服属国」と位置づけるものとしてセットされたのである。

唐における日本国号の変更問題

大宝の遣唐使

さて、天智天皇八（六六九）年の遣唐使以後、三〇年ほどの空白を経て、大宝二（七〇二）年、粟田真人《あわたのまひと》の遣唐使が再開された。この遣唐使はすでにみたように、一段階を画した画期的なものであった。それは律令（『大宝律令《たいほうりつりょう》』）の制定、独立国としての証しである独自年号（大宝）、倭王を超えた「日本天皇」という称号の規定（公式令）、国家の正史である『日本書紀』の編纂といったまさしく東夷《とうい》の一国〝倭国〟ではなく、中国王朝と「対等」な、そして新羅《しらぎ》を「朝貢国」として位置づけた日本型華夷《かい》意識を背景に背負った遣使であった。

この大宝年度の遣唐使のとき、日本という国号が中国側に通知され、認知されたことは再々みてきたことである。ただし、唐側もこのときは則天武后《そくてんぶこう》の時代で、六九〇年大周と国号を変更しており、日本側はそのことを知らなかったのである（『続日本紀《しょくにほんぎ》』慶雲元年七月条）。唐側にとって、日本は〈不臣の外客〉〈絶域の朝貢国〉であるから、国号問題は政治問題化する条件にはならなかった。史料的にもこの国号変更が政治問題化した形跡はうかがわれないのである。冊封《さくほう》下の国であれば、国号の変更は王の正統性や官爵・官職の授与とからんでくるから問題化することも予想されるが、わが国は冊封下には参入しないことを国是《こくぜ》としていたのである。

新羅の「王城国」改号問題

すでにみたように、石母田正《いしもだしょう》は朝貢国であれば国号の変更はそう簡単に承認される性質の問題ではないとして、新羅の「王城国」の改号の例をあげられたが、この点は問題がある。問題の「王城国」については『続日本紀』に以下のようにみえる。

天平六（七三四）年十二月「大宰府奏すらく『新羅貢調使級伐飡《きゅうばつさん》金相貞ら来泊す』とまうす」。翌七年二月十七日「新羅使金相貞、京に入る」、同年同月二十七日「中納言正三位多治比真人県守《たじひのまひとあがたもり》を兵部の曹司《そうじ》に遣して、新羅使の入朝せる旨を問はしむ。而《しか》るに新羅国、輙《たやす》く本《もと》の号を改めて王城国と曰ふ、茲《これ》に因りてその使を返し却《しりぞ》く」。

新羅の国号については、「徐那伐《じょなばつ》」とか「鶏林《けいりん》」という異称をもっていたが、基本的には三世紀代は「斯羅《しら》」「斯盧《しろ》」、四世紀後半には「新羅」というようになり、智証麻立干四（五〇三）年には「新羅」を国号として正式に決定した（『三国史記』新羅本紀、智証麻立干四年十月条）。それ以後、新羅の国号は変更されることはなかった。王城国が新羅の国号であったという点については、どこにもそのことはみえず新羅国で一貫していた。

この点については、濱田耕策の以下の見解が明解である。新羅の日本への外交は七世紀代は「ほとんど連年で、朝貢国としての『蕃礼』を踏んでいたが、八世紀に入って、とくに聖徳王代（七〇二～七三七）になって（日本では天平期）対日外交が変化しはじめ朝貢から亢礼《こうれい》（対等の関係）に変化しはじめる」。その背景には新羅は七三二年には唐の渤海《ぼっかい》遠征を助け、対唐関係は急速に良くなり、七三五年には唐が浿江《はいこう》（大同江）以南の地の新羅領有を認めたことで懸案の領土問題が解決したことがある。七三二（天平四・聖徳王三十一）年の遣日本使は、初めて「来朝の年期」を問題にして、「三年に一度」という形で結着した。七世紀代に比較してその外交は消極的なものになり、先にみた七三五（天平七）年の〝王城国〟問題になるのである。すなわち、七三三年を契機に新羅は対等外交に転化するのである。したがって、「王城国の名は、金相貞が外交儀礼に則って日本側に表奏ないし口奏した国名なのでなく、あくまで多治比真人県守との問答の展開のなかで突如として現われた」ことで、「両者の問答が昂揚し険悪化したところで、この『王城国』の名が金相貞の口をついて出たものと思われ、この『王城国』の意味するところが県守をして不快にさせたのではないかと推測される」と濱田はいう。また濱田は、金相貞は「多治比真人に母国を誇り、新羅は『王城の国』であるとか『王城のごとき国』とかの語句で誇示を締めくくったのではなかろうか。新羅を朝貢国とみる伝統的な意識に捉われた県守はそこに新羅の自尊の意識を感知し、金相貞らの遣日本使一行を返却に処したのではなかったか」ともいっている（濱田・二〇〇二）。

以上、要するに新羅の対日外交の対等化（ある意味では敵対化）という中で、日本と新羅との間に対立が起り（『三国史記』新羅本紀、聖徳王三十〈七三一〉年四月条に『日本国の兵船三百艘、海を越えて我が東辺を襲えり……』とある）、七三四年のときには日本側が〝王城国〟という言葉を理由に使者を返却したということで、この使者が新羅国から王城国に国号を変更することを日本側に求めたということではなかった。〝王城国〟というのも〝君子国〟と同じような自尊心の籠った呼称であって、国号の変更ということとは無関係である。

日本国号の認知

日本国号の変更に話をもどすと、〝日本〟という国号を則天武后が問題とすることなく認めたということは、朝臣真人（粟田真人）の「経史を読み、文を属するを解し、容止温雅な」るをほめて、「則天これを麟徳《りんとく》殿に宴し、司《し》膳卿《ぜんけい》を授け、放ちて本国に還らしむ」（『旧唐書』倭国日本伝）とあることによっても理解できる。司膳卿は従五品上の司膳大夫のことか（石原・一九五六）。王勇は、隋ではもっぱら飲食と祭祀を担当する職務で、唐ではそれを因襲して司宰卿、のち司膳卿（司膳寺の長官で従五品上）として皇帝の側近官であったと述べている（王・二〇〇五）。いずれにしろ、かなりの厚遇を受けたということであろう。

また、『善隣国宝記』の中に唐代の国書の書頭の形式を列挙した中に以下のようなものがみえる。

又大唐皇帝勅㆓日本国使衛尉寺少卿大分等㆒書曰ク。皇帝敬到（致）㆓書於日本国王㆒

この国書は大宝（大宝二〈七〇二〉年）の遣唐大使であった坂合部大分《さかいべのおおきだ》に託された国書であるが、坂合部大分は養老二（七一八）年に帰朝している。ただし、これは養老年度の押使《おうし》多治比真人県守に与えられたものでなく、金子修一のいうように大宝年度の遣唐使粟田真人と坂合部大分らに与えられた国書であった。金子は、この国書が「皇帝敬致書」とあるように、最大級の丁重な表現で返書がこのときの日本に発信されていることに注目している（金子・二〇〇二）。筆者は、この返書に「日本国王」と〝日本〟号が書かれていたことに注目したい。これは、大宝年度の日本国号が政治問題とならずにすんなりと受け入れられたことを示している。

孝徳朝の天皇号と日本国号

日本国号の制定時期については、本居宣長《もとおりのりなが》（『国号考』天明七〈一七八七〉年）以後、長い間、孝徳《こうとく》天皇の時代、大化改新のときがその最初であるとみる見解が有力説であった。『日本書紀』に高麗（高句麗）の使者に対して「明神御宇日本天皇詔旨《あきつみかみとあめのしたしらすやまとのすめらみことのおおみことらま》云々」と宣下され、また百済に対しても「明神御宇日本天皇詔旨云々」（大化元年七月条）と宣せられたという記事にもとづいている。

この記事を取り上げた宣長が、〝日本〟という号は「異国へ示さむために、ことさらに建られたる号なり」（本居・一七八七）といっているように、日本という国号がまず外国の朝鮮諸国に対して使用されたという点ではこの詔は重要なものである。しかし、大化改新批判が進んだ現在では、この「明神御宇日本天皇」は『大宝令』の詔書式段階の知識によって修飾されたということが指摘されている。

『養老令《ようろうりょう》』の公的・正統的な注釈書である『令義解《りょうのぎげ》』（清原夏野《きよはらのなつの》、天長十〈八三三〉年成立）や『養老令』に関するさまざまな解釈をまとめた注釈書である『令集解《りょうのしゅうげ》』（惟宗《これむねの》直本《なおもと》、貞観十二〈八七〇〉年ごろまでに成立）は、『養老令』（養老二〈七一八〉年撰、天平宝字元〈七五七〉年施行）にかかわるものであって、肝腎の『大宝《たいほう》令』（大宝元〈七〇一〉年施行）のものではない。ただ、『令集解』の注釈の中の一つである『古記』（天平十〈七三八〉年）は、『大宝令』に関する注釈書であって、それによってある程度に『大宝令』の復元が可能である。

『養老令』公式令詔書式では、次ページ表4のように詔書の内容を宣下する方式に五つの種類を設けて区別している。

問題は『大宝令』の復元になるが、『古記』によると『大宝令』の語句として、(A)御宇日本天皇詔旨、(B)御宇、(C)御大八洲、(D)天皇詔旨、(E)詔書がひろえるが、問題の一つは「明神」が『大宝令』にあったかである。『古記』には「明神」の語句にはいっさい注釈されていないから、『大宝令』には「明神……」の語句がなかったともいえそうであるが、『古記』が右にみたように条文すべてをあげての注釈ではないから、「明神」の語句は注釈として省略している可能性もある。また、文武《もんむ》天皇時代の宣命《せんみょう》には「現御神止《と》大八嶋国《おおやしまぐに》所知《しろしめす》天皇大命《すめらがおおみこと》」（『続日本紀』文武天皇元年八月条）、「現神八洲御宇倭《おおやしまくにしろしめすやまとの》根子《ねこ》天皇詔旨」（同、慶雲四年七月条）などとあり、宣命には「現神」（アキツミカミ・アラミカミ）が付されていて大事な文句である。また、『日本書紀』天武天皇十二年正月条に「明神御大八洲倭根子天皇勅命……」と祥瑞にかかわる宣命がみえるが、『飛鳥浄御原令《きよみはらりょう》』では「日本天皇」が成立していてそれが詔書式として規定されていたとも考えられるから、この天武天皇十二年の「勅命」が『浄御原令』やあるいは『大宝令』にもとづいて記されたものとも思われるから、「明神（現神）」が『浄御原令』もしくは『大宝令』にあったといえる。

『大宝令』詔書式も詔書の文（旨）が口頭で宣命（宣下）されることを想定しての語句で

表4　史料にみる詔書宣下の方式

	詔書冒頭の書き出し	『古　記』	『義　解』
A	明神《あきつみかみと》御宇《あめのしたしらす》日本《やまとの》天皇《すめらみことの》詔旨《おほみこと》云々《らま》。咸聞。*	隣国・蕃国への詔	蕃国使への大事
B	明神御宇天皇詔旨云々。咸聞。	大　事	蕃国使への次事
C	明神御大八洲天皇詔旨云々。咸聞。	大　事	朝廷大事
D	天皇詔旨云々。咸聞。	小　事	朝廷中事
E	詔旨云々。咸聞。	小　事	朝廷小事

（注）『大宝令』では＊の「咸聞」は「聞宣」となる

あるから、『大宝令』でも『養老令』と同じく「明神」（現神）が必要なはずである。「明神」（現神）は、この現実の世に〝神〟としての資格をもって出現したという意味である。そして〝神〟とは、宣長のいう「尋常《よのつね》ならず、すぐれたる徳ありて、可畏《かしこ》き物を迦微《かみ》とは云うなり」（本居・一七九八）とある〝神〟であったろう。そうした〝神〟としての資格をもった明神（現人神《あらひとがみ》）としての天皇が、「天下」「大八洲《おおやしま》」を統括するというのが詔書式にあらわれる「明神」の思想であった。こうした「明神」の思想は、『記紀』の「神代」の編纂にかかわって確立されたものであって、天武《てんむ》・持統《じとう》朝期とみるのが有力説であろう（田村・一九九六、同・二〇〇二）。

なお、詔書式のA・Bにみる「御宇」（アメノシタシラス）は『大宝令』段階になって常用されたもので、それ以前は「治天下」がそれにあたる。また天皇号は、推古朝に出発点をもつが、公式に採用されたのは天智朝か天武朝であろう。したがって、日本号も大化期のものとする積極的な理由はなくなる。

さて、詔書式の(A)は、『古記』によれば隣国（中国）と蕃国（朝鮮）への宣命であって、〝日本〟号が天皇号をともなった「日本天皇」としての対外的な意味をもった書式であった。「日本天皇」とは、まさしく律令を制定し、正史を編纂し、独自の年号をもつ現神としての天皇であり、〃倭王〃を超越した「日本天皇」であった。

このように「日本天皇」は対外的に中国や朝鮮に対して提示することに大きな意味をもったのであるが、中国は〃王〃をこえる〃天皇〃号を拒否したであろうから、事実としてはまずもって「朝貢国」として位置づけた新羅に対して使用されたということになる。

天武朝と日本国号

日本国号の公式的な制定時期（のちにみるように実際は採用であるが）は、やはり天武朝が浮かび上がってくる。天武天皇と日本号を結びつける根拠として、(1)壬申《じんしん》の乱（六七二年）で近江朝廷（大友《おおとも》皇子）を制圧した天武天皇が、自己を秦を打倒した漢の高祖になぞらえ、いわば王朝交替論的な考え方をもっていたこと、(2)天武天皇十年に国家の正史をつくる事業を開始し、その時点で中国の史書（紀伝体《きでんたい》）にならって『日本書』をつくろうとしたこと、(3)日神信仰、あるいは「日御子」思想など「日」（太陽）にかかわるイデオロギーの結果、日本という称号を制定したこと――以上のようなことが現在までの研究史から考えうる。
(1)について。大海人皇子（天武天皇）の軍が衣の上に赤色を着けて近江軍と区別したことや、その軍旗にも赤色を用いたということは有名であるが、これは漢の高祖（劉邦《りゅうほう》）が赤帝の子と自負して赤い旗幟を用いたとする故事に倣《なら》ったものである。ただ、天武が

「王朝交替論」的な認識をもっていたとする確かなものはみられないが、白村江《はくそんこう》の戦い、壬申の乱という二大国家危機を経て、従来とは違った新しい中央集権の国家づくりをめざした天皇であったとすれば、対外的に新しい国号を制定（採用）して新国家をアピールする考えはあったであろう。⑵については、推古朝に『天皇記・国記』が編纂（『日本書紀』推古天皇二十八年是歳条）されたが、そのときに天皇という新しい君主号を書名に採用したという史実を重ねあわせてみると、体系的な国家の正史を唐・新羅に対して示すためには『日本書』という新しい国号を冠した史書を編纂する必要性があった。それは『倭書』ではまずく、中国の華夷秩序（冊封体制）からは距離をおき、朝鮮の百済・新羅らを朝貢国（蕃国）として位置づけようとする日本型華夷秩序を強調する史書（『日本書』）でなければならなかった。なお、天皇号の開始時期については筆者は推古朝期を考えている（小林・一九九四）。

⑶については、少々問題がある。「日之御子《ひのみこ》」とは、天皇自身を「太陽（日）の子」とみているわけでなく、それは皇祖神天照大神の系譜を引く「日継ぎ」としての「日之御子」ということであろう。『隋書』倭国伝をみると、倭王は「阿毎多利思比弧」（アメノタリシヒコ）＝「天垂彦」（天から下ってきた尊いお方）と称していたし、「日出処之天子」と称

して、すなわち東方の日の出る所の天子と称して国書を隋に送っていた。また倭王の神事として、「倭王は天を以て兄と為し、日を以て弟と為す。天未だ明けざる時、出でて政《まつりごと》を聴き跏趺《かふ》して坐す。日出づれば便《すなわ》ち理務を停め、云う我が弟に委ねんと」とある。これは兄と弟の祭政二重王権を述べたものでなく、天と日（太陽）を兄弟関係とみて、倭王の未明の政《まつりごと》のことを述べたものである。わが国でも中国とは違った意味での天の思想があった。中国では天は絶対神であり、世界の究極的存在であって、皇帝はその天の子（天子）であった。しかし、わが国では天（高天原）は地上（葦原中国《あしはらのなかつくに》）とつながりをもって連続しており、高天原（天）には天皇家の祖先神（天つ神）がいて、そこから天降ってくる。

日本号と日神信仰

「日之御子」については『万葉集』にみえる。

(A) 軽皇子《かるのみこ》の安騎野《あきのの》に宿りましし時、柿本朝臣人麻呂の作れる歌

八隅知《やすみし》し　吾が大王《おおきみ》　高照す　日の皇子《みこ》……（巻一―四五番）。

(B) 日並皇子尊《ひなみしのみこのみこと》（草壁皇子）の殯宮《もかりのみや》の時、柿本朝臣人麻呂の作れる歌一首

……天雲の　八重かき別けて　神下《かむくだ》し　いませまつりし　高照らす　日の御子は　明《あ》日《す》香《か》の　清御《きよみ》の宮に　神ながら　太敷《ふとし》きまして……（巻二―一六七番）

(C) 皇子尊（草壁皇子）の宮の舎人等、慟傷《かな》しびて作る歌

高光る　我が日の御子の　座《いま》しせば　島の御門《みかど》は　荒れずあらましを　（巻二—一七三番）

右の「日の御子」を「高照す」「高光る」に曳《ひ》かれて「日神の子」と解する向きもあるかもしれないが、「日の御子」は天照大神—ニニギノ尊の継承ラインを引く「日継ぎの御子」と考えておくべきであろう。「高照す」「高光る」は、「日の御子」の優れたる様子、堂々とした様子を讃えた語句と解したい。

(A)の「日の皇子」は、ニニギノ尊の系譜（日継ぎ）を受け継ぐ軽皇子をさしている。また、(B)の「日の御子」は、天雲をかき分けかき分け天降りしたニニギノ尊の系譜を引く天武天皇をさしている。(C)のそれは、草壁皇子をさしている。「日の御子」とは、天神の天照大神の指令を受けて高天原から日向へ天降ったニニギノ尊を直接的にはさしているのであるが、その「日継ぎ」（皇位の継承）を受け継ぐものも「日の御子」であって、それは天武天皇の時代から明確になってくる。壬申の乱のとき、伊勢の朝明《あさけ》郡の迹太《とお》川のあたりで、はるかに天照大神を拝した大海人皇子（天武天皇）は、天照大神—ニニギノ尊—天武天皇につながっていく皇統としての自覚があった（田村・二〇〇二）。そして、「日の御子」の系譜は、天武から草壁《くさかべ》皇子→軽《かる》皇子（文武天皇）→首《おびと》皇子（聖武《しょうむ》天皇）へと、男系嫡系主義の系譜として具現化されるのである。

日神信仰については少々難しいところがある（小林・一九九四）。わが国では、とくに王権レベルでは本来、太陽を祭祀対象とする、あるいは宗教対象とする日神信仰はなかったものと思う。ただ、壱岐《いき》・対馬あるいは伊勢などの地方の海人《あま》（漁師）の世界では太陽神（日神）信仰は考えてもよい。日神信仰は王権の本来的な固有の信仰・祭祀ではなかったが、六世紀になると〝日神〟の観念（イデオロギー）が展開してくる。六世紀の安閑《あんかん》天皇以降、安閑・用明《ようめい》・舒明《じょめい》・皇極《こうぎょく》・孝徳《こうとく》の各天皇の和風諡号《しごう》にヒ（日）を含むものが多くあらわれる（例えば、安閑はヒロクニオシタケカナヒ、用明はタチバナノトヨヒなどなど）。また、『日本書紀』敏達天皇六年条には日祀《ひまつり》部《べ》の設置がみえる。そして、用明即位前紀には、「酢香手《すかて》姫皇女《ひめのみこ》を以て、伊勢神宮に拝《め》して、日神《ひのかみ》の祀《まつり》に奉《つかえまつ》らしむ」とあるのが注目される。この日神の祀は、伊勢地方の伝統的な太陽神の祭祀と考えられるが、それは王権の太陽神祭祀（そういうものはなかった）から出たものではなかった。したがって、日祀部（日奉部）は、伊勢の斎宮に奉仕する名代《なしろ》的部民（阿部・一九八四）であって、宮廷の太陽神祭祀のための部ではなかった。

天照大神も伊勢大神の性質を引き継いでいるので、日神の性質を否定し去ることはできないが、それは本来、司霊神であり、皇祖神であるところに本質がある。とくに天武・持統朝には皇祖神としての天照大神が成立するのである。

以上(3)については、天武朝ごろに〝天〟のイデオロギーから〝日〟のイデオロギーへの転換がおこなわれたというような日神信仰の強調は考えがたい。したがって、日本号との関係でいえば、日本号の出現・制定を日神信仰―「日の御子」系譜から考えるのは無理があると思われる。

結局、日本という国号は、天武天皇十年三月の正史編纂（『日本書』をめざす）開始の過程の中で公的に決定され、『浄御原令』（天武天皇十年二月、律令編纂開始）で法的に公認されたものと考えられる。したがって、天武天皇十年以降のある段階で新羅使に対して、あるいは遣新羅使によって日本号は公式に通告されたと考えられる。すでにみたように、天智朝から持統朝にかけてはわが国と新羅との通交はかなり頻繁におこなわれていたから、唐に先立って伝えられたのである。

日本国号の由来

日本とは

日本とヒノモト

さて、日本という国号はどのような意味があり、その由来はどのようなものであったのか。日本の〝日〟が太陽であることはわかるが、〝本〟とは何か。『日本書紀』神代巻の注釈書である一条兼良《かねよし》『日本書紀纂疏《さんそ》』（十五世紀後半の成立）に以下のようにみえる。

又本字。説文。木下曰レ本。从（従）レ木。一在二其下一。一記二其処一也。与レ末同義。太陽出二於扶桒（桑）一。則此地自為二日下一。故名曰二日本一。東ノ字从二日木（本カ）一。義同也。

また、日本の別称としての「扶桑国」をあげて、「扶桑国。東海中有二扶桑一。両幹同根。日所出処。故借用」とある。

右をみると、〝本〟は、木に関係する「本《もと》と末《すえ》」であって、〝本〟は木の下（本）ということで、末は木の上（末）である。木とは扶桑樹で、扶桑樹の下、あるいはその処をさし、日（太陽）はその扶桑樹の下から昇ってくる。それは日下にも通じ、日本とは東の同義であるとしている。『弘仁私記』（『釈日本紀』開題）の序の自注にも「日本国、自二大唐一東去万余里、日出二東方一、昇二于扶桑一、故云二日本一」とあって、同じ見方を示している。日本が方位にかかわる呼称であることがわかる。

　これはすでにみたように、日下・日域・扶桑などとならんで、日本も古代中国の世界像における東の果て、絶域の日出ずる地の認識が基礎にあって日本の名が生まれたものである。その発信源は中国である。

　本居宣長《もとおりのりなが》は、「日本としもつけたまへる号《な》の意は、万国を御照らします日の大御神の生《あ》れませる御国といふ意か、又は西蕃《せいばん》諸国より日の出る方にあたれる意か、此の二つの中に、はじめのは殊にことわりにかなへとも、そのかみの全べての趣きを思ふに、なほ後の意にてぞ名づけられたりけむ。かの推古《すいこ》天皇の御世に日出処天子とのたまひ遣はししと同じこころばへなり」（本居・一七八七）と述べている。宣長も指摘しているように、日本という国号はやはり「東—日の出ずる処」という方位に関係するもので、日神《ひのかみ》信仰から日本という名称が生まれてきたわけではない。その意味でも、宣長のいうように、『隋書』倭国伝の「日出ずる処の天子、書を日没する処の天子に致す」という国書は、日本号の成立を考えるうえでの出発点に位置する。そして、この国書ではすでに指摘したことであるが、「日出ずる処―日没する処」を単純に東―西の方位と考えていたことは、次の遣隋使の国書ではこれを「東の天皇、敬《つつし》みて西の皇帝に白《もう》す」と言いかえていることによってわかる。東野治之《とうのはるゆき》によれば、この認識は『大智度論《だいちどろん》』巻十に「経の中に説く如くんば、日出づる処はこれ東方、日没する処は西方、日行く処は是れ南方、日行かざる処は是れ北方なり」とするところに拠ったものだという（東野・一九九二）。また李成市《りそんし》は、こうした国書の発想は、東アジア世界の地理像から出てくるもので、その意味で、位置的には高句麗《こうくり》から実感できる地理観の反映であり、厩戸皇子《うまやど》（聖徳太子《しょうとくたいし》）に近侍した高句麗僧慧慈《えじ》が国書作成に関与した結果であろうとする興味深い見解を提示している（李・一九九〇）。朝鮮半島からみたとき、東の「日出ずる処」は日本であるし、西の「日没する処」は隋である。もっともこうした地理観は慧慈をもちださなくても、対中国・朝鮮との外交・交易などにあたった人々の認識（世界観）から生まれてきたとみることもできよう。

〝東〟は中国側からみると東夷《とうい》でもあるが、さらに遠く東の果ての扶桑樹の立つ処から太陽が昇る地、絶域の地「日本」であるが、一方日本側では、神武天皇が「東に美《よ》き地《くに》有り、青山四周《よもにめぐ》れり」ということで、その美しき地ヤマトに東遷《とうせん》を開始したのである。また、景行天皇は日向《ひむか》国の子湯県《こゆのあがた》に行幸したおり、東方を望見して「是《こ》の国は直《なお》く日の出づる方《かた》に向けり」「故、其の国を号《な》づけて日向と曰ふ」とあった。そこには、東方に対する憧憬《しょうけい》があった。推古朝の為政者が『大智度論』という仏教的世界観によって中国の中華思想（華夷思想）の世界像を相対化しようとしたとする考えもありうるが、筆者は単純に東方に対する美意識というか、価値観があったものと考えている。

枕詞としてのヒノモト

日本国号の成立について一時期いわれたのは、ヤマトの枕詞《まくらことば》としての日本である。すなわち、「ひのもと（日の本）」のヤマトから日本となったとする見解である。

この「日の本の」の枕詞説については、岩橋小弥太《いわはしこやた》が江戸後期の国学者の荒木田久老《あらきだひさおゆ》の『続日本後紀歌考』（寛政三〈一七九一〉）の枕詞説について述べている。

それによると、「日の本の」というのは、やまとの枕詞で、あすかに「飛ぶ鳥の」という枕詞があるから、飛鳥と書いてあすかと読ませ、かすがに「春の日の」という枕詞があるから、春日と書いてかすがと読ませるように、日の本のやまとというから、日本と書いてやまとと読ませるのである、その枕詞の意味は「日の神のあれまし丶国」の意であるという。

史料としては、『続日本後紀』の興福寺の大法師の長歌（仁明《にんみよう》天皇、嘉祥二〈八四九〉年三月条）に「日の本の野馬台《やまと》の国を……」「日の本の倭《やまと》の国は言玉の……」とみえる。また、『万葉集』巻三―三一九番の高橋虫麻呂《たかはしのむしまろ》の「不尽山《ふじやま》の長歌」に、「日の本のやまとの国の鎮《しずめ》とも……」（日本之　山跡国乃鎮……）とみえる。

岩橋小弥太もこの枕詞説に賛成されて、試案として「日の本はやまとのやまにかかるので、朝なあさな日は山から出るから、日の本の山というのである」としている。そして、「日本の二字は宣長を初め、もとは音読したろうという人は多いけれども、これはやまとの枕詞であったとすれば、勿論ひのもとのと訓読したに相違ない」という（岩橋・一九七〇）。また、井乃香樹《いのこうじゅ》も枕詞説に立って、「日の本即ち太陽の照らす所は柔和な土地であるから『日本之《ひのもとの》』を『倭』の枕詞として『日本《ひのもと》之倭』といひ、やがて『日本』と『倭』と同じく、『やまと』と訓み、対外的な国号としては支那風に『にほん』と読んだのである」と述べている（井乃・一九四三）。

これらの説は、宣長が「ひのもとの」という枕詞は古いところにはないとして反対したものである。これは『記紀』にはいっさいみえないものである。東野治之のいうように、「ソラミツ」「シキシマ」「アキヅシマ」などのヤマトにかかる枕詞に比べて時代的にも新しい枕詞で、すでにあげたように、『万葉集』にはただ一例、奈良時代前半の歌にみられるだけである（東野・一九九二）。

枕詞説は日本を「ひのもと」と訓じて、太陽の照らす所、太陽の真下にある国、日神のあれましし国というように解釈を引っぱりだしているが、すでにみてきたように、〝日本〟にそうした意味があるか疑問である。また岩橋説でも、日（太陽）は山から出るから「ひのもとのヤマト」のヤマ（山）にかかる枕詞だとするが、これも〝本〟が説明できない。したがって、「日《ひ》の本《もと》の」という枕詞は、むしろ日本という国号ができたあとで、「日本」を「ひのもと」と訓ずるようになって、わが国固有の国号である「ヤマト」の枕詞として成立したものであろう。再々述べているように、日本という呼称は、日神信仰の中から生まれてきたものでなく、中国を発信源とする東―日出処の方位観・地理観の中から成立した称号である。それは、天武朝の史局で〝日本〟という対外的称号を公式に採用したものであって、造語された称号ではない。そこで造語説について少しみておこう。

日下を日本の祖型ないし原基とみる見解がある。谷川健一《たにがわけんいち》の枕詞説である。谷川は、

『古事記』に由緒ある地名としてみえる日下《クサカ》に注目する。この日下については、日向からの神武の東征軍が大坂湾に入って白肩津《しらかたのつ》に停泊した。そこを楯津《たてつ》ともいったが、「今は日《くさ》下《か》の蓼津《たでつ》」であると『古事記』は述べている。その日下は、令制の河内《かわち》国河内郡日下郷で、現在は東大阪市日下町付近である。また、雄略天皇が大后《おおきさき》の若日下《わかくさか》王が日下に坐《いま》したときに妻問いして「日下の直越《ただこえ》」を通って河内へ行幸したとある。

谷川は、この日下は本来、『日本書紀』にみえる草香が正字で、日下はこの地名の草香の枕詞的修辞であって、「ヒノモトの」と訓《よ》んで「ヒノモト（日下）の草香（クサカ）」とよばれていたという。すなわち、神武天皇即位前紀に「和珥《わに》の坂下」とあるが、そこに「坂下、此《ここ》をば瑳伽梅苔《さかもと》と云ふ」と註記があるように日下の下は「モト」と読むことができるので、日下は「ヒノシタノ」ではなく「ヒノモトノ」である。したがって、「日下」（ヒノモト）は太陽がさがる（沈む）ところでなく、太陽が昇るところと解せられるとして、河内の草香は日出る処（ヒノモト）、太陽信仰の原点であるという考えがあって、「ヒノモト」をかなりのちになって「日下」という文字で表記したのであろうという。

谷川の見解の一端はすでにみたが、ヒノモトは最初は河内の草香の枕詞的修辞であったが、それが草香から大和一国へと拡大し、「ヒノモトノヤマト」と称せられるようになった。それが最終的には大和国一国ではなく日本国を指すようになった。そして、渡来人がこの「ヒノモト」という呼称を日本という文字におきかえて、日本を音読して読んだのであるとしている（谷川・一九八六）。

谷川説はたいへん魅惑的な見解になっているのであるが、歴史学の方からみると、『旧事本紀』（平安時代初期成立）のニギハヤビノ命（物部氏の祖神）伝承を史料とした見解が出発点となっているので、そのあたりの史料批判が第一の問題点となるだろう。また、草香の地を「日下」（ヒノモト）の枕詞的修辞から太陽神信仰（日神信仰）の原点であるとするのも問題点となる。太陽を宗教的対象とした太陽神祭祀は、今のところ検証は難しい。日の出―東方への憧れや呪術的な意味での信仰なら古来からありうるが、ただし、それは一般性をもつものであるから、河内の草香の地が太陽神信仰の原点であるということにはならない。どこの地でもありうることである。

日下をなぜ「クサカ」と読むのかは、「飛鳥」を「アスカ」と読むのは「飛ぶ鳥の明日《あす》香《か》」からであるとする例と同様に、枕詞説で解くと理解しやすい。すなわち、「日《ひ》の下《した》の草香」から、日下＝日の下をクサカと訓ずるようになったとする理解である。ただし、この場合、「日の下」は「ヒノモト」であって、「ヒノシタ」でなかったとする谷川説が正しいわけでない。谷川は、「ヒノモト」に「日下」の表記をあてたというが、なぜ「日本」の表記にはならなかったのか、また、なぜ渡来人は「ヒノモト」を日本と表記したのか、枕詞説に立つ限り、「日《ひ》の下《した》の草香」で日下が「クサカ」と訓《よ》まれたとする方が理解しやすい（草香の香《か》は下に通ずる）。

ただし、筆者は日下をなぜ「クサカ」と訓むのかという疑問に対して枕詞説によることはそれほど根拠のある見解ではないと思う。正字である草香の地が太陽神信仰の地であるとするのは、日下の日（太陽）からきているのであるが、この点ではたいへん興味深い見解が提示されている。日下の日は草の簡体字（省字）であるとする足利健亮《あしかがけんりょう》の説である。足利は、部が「丅」、菩薩が「卉」と簡便化されるように、「日」は草冠と十の部分を省略したもので、草＝日であり、香《か》は下《か》に通ずるので「日下」になったとする（足利・一九九八）。日神信仰から「日下」を解くより、この足利説の方が合理的でよいように思える。簡体字（省字）の歴史については筆者はよくわからないが、銅を同、鏡を竟、瑠璃《るり》を玉玉とするなどその例は多い。

次に『爾雅《じが》』など中国思想にあらわれる日下を日本の原基とみる見解を検討しておこう。この見解は、中国文献の日下をヒントにしてわが国で日本という表記を案出したとする造語説・自称説になる。中国側に日本という号がなかったとすることが前提となっている。早くは飯島忠雄にその説がみられる。飯島は、「我が国号を日本とするのも亦《また》、日神に因んだので、漢代に出来た古典の辞書なる爾雅に、東方の極を『日下』と称するやうに記してあるのと、密接なる関係を有する語であらう。『下』も『本』も共にモトと訓ぜられることから考へても、日本と日下との間に、思想上の連絡は成立つてゐるものと思はれる」として、日本国号は推古朝に成立したといわれている（飯島・一九四七）。

この造語説は、日下と日本に思想上の脈絡はあるものの、なぜ、どのような理由で日下を日本にしたのか明確でない。この造語説の主張者の一人でもある大和岩雄《おおわいわお》は、日下をヒントに作られた日本は、中華思想によって辺境の異人とみられていたわれわれの祖先が辺境を逆手にとって東海の果てこそ朝日の昇る「本」の地だと国号で主張したのだといわれている（大和・一九九六）。この主張では、朝日の昇る「本」とは何かがよくわからない。むしろわが国が朝日の昇る基点、あるいは朝日の誕生する始源の地の意味であるとすれば、むしろ「元」や「基」の方が合うであろう。すでに述べたように、「本」は木（扶桑樹）に関係する「本と末」であって、木の上の方（末）に対して、木の下の方（根）・処をさしている。また大和は、「朝日の昇る『本』の地」である「日本」に、わが国を辺境の異人とみる中華思想をのりこえる意義をみいだしているが、日下も日本もどちらも中国的世界観では絶海の地、扶桑樹のある地から太陽が昇るということであるから、それによってその辺境性をのりこえるということにはならない。もちろん、わが国がこの「日本」という称号を使用ないし採用したということは、中国的世界観としての「日本」でなく、朝日の昇る東方の地にある種の憧れや美意識をもっていたことによる。

ともかく、造語説をとるということになると、なぜ「日本」にしたのか（とくに本が問題となる）という問題が出てきて、臆測の域をでない議論となってしまう。

日本号制定以前の日本号史料

日本という称号は、日本側の造語・和製漢字ではなく、すでにあった中国を発信源とする日本の号を採用《な》したものだとみるのが筆者の見解である。以下では、そうした採用に至る前史を史料から探ってみよう。

この点を考える史料として、(A)『伊吉連博徳書《いきむらじはかとこ》』にみえる「日本天皇」、(B)『海外国記』（『善隣国宝記』）にみえる「日本鎮西筑紫将軍」と「日本国天皇」、(C)『日本世記』という書名、(D)『百済本記』にみえる「日本」「日本府」の四つがあげられよう。

『伊吉連博徳書』

(A)伊吉連博徳は、斉明《さいめい》天皇五（六五九）年七月に遣唐使（大使坂合部《さかいべの》石布《いわしき》）の一員として唐に渡り、七年五月に帰国するが、そのときの記録が『日本書紀』に注の形で取り入れられている。

斉明紀五年七月三日条の注に、「伊吉連博徳書に曰く」ということで遣唐使一行の様子が詳しくのせられている。一行は、「三十九日に、馳《は》せて東《ひがしのみやこ》京に到る。天子、東京に在《ま》します。三十日に天子相見て問訊《と》ひたまはく『日本国の天皇、平安にますや不《いな》や』とのたまふ……十一月一日に朝《みかど》に冬至の会《え》あり。会の日に亦覲《またまみ》ゆ。朝《もう》ける諸蕃の中に倭の客最も勝れたり。……十二月三日……事了《おわ》りて後に勅旨すらく『国家、来年に必ず海東の政《まつりごと》有らむ。汝等倭の客、東に帰ること得ざれ』とのたまふ。遂に西《にしのみやこ》京に匿《いまし》めて、別処に幽置す」(傍点—筆者)とある。この六五九年春に唐は新羅《しらぎ》から救援を求められ、翌年三月大軍を派遣(『海東の政』にあたる)、七月に百済《くだら》を滅ぼした。そうした最中の遣唐使であって、博徳一行は西京に幽閉されてしまった。

この『博徳書』は、ⓐ斉明紀五年七月、ⓑ同紀六年七月、ⓒ同紀七年五月の各条の分注に記載されているが、一方、ⓓ孝徳紀白雉五年二月条には「伊吉博得(徳)言」ということで、〝書〟でなく〝言〟という形で入唐した人々の消息(死亡と帰国)が簡単に列記されている。ⓓはⓐ〜ⓒに対して、ⓓは議論があり、その性格は『博徳書』の性格にも影響してくる。ⓓはⓐ〜ⓒとはかなり記載・形式・内容も異なるものがある。ⓓは生《な》まの言上を記載したものでなく、坂本太郎は、ⓓは「補足的または説明的な意味をもったものとして、博徳書とあまり隔たらぬころに記されたもの」としている。そして、『博徳書』の成立時期については、それは単なる報告書に止まらない色彩を帯びており（本文中にも伊吉連博徳とあったり、自己の功績を強調している点がある）、斉明七年の帰朝ごろ、あまりときの隔たっていないときに書かれたものでなく、伊吉史から伊吉連への改姓後の天武十二年以降の成立であるとされた（坂本・一九八八）。一方、北村文治は、ⓓとⓐ〜ⓒとは干支によって編年された『博徳書』という独自な記録の構成部分であること（すなわち、ⓓとⓐ〜ⓒとは別種の断片的記録ではなく、ある種の目的をもった一つの『博徳書』の構成部分である）から、ⓓの記事中の「庚寅年」＝持統四年以降から持統九年（博徳が遣新羅使として再び官界に登場する年）の間に博徳が官界復帰のために述作したものという（北村・一九九〇）。この北村説で異論はないと思う（村尾・一九六二、水野・一九九〇もほぼ同じ結論）。

　さて、問題のⓐの『博徳書』は干支年と月日を付した日記風の旅程記事となっており、持統朝初め頃述作化されたものといえ、それは博徳の旅行中のメモ・記録・報告書がもとなっている。その中で、天子の質問した「日本国の天皇、平安にますや不や」については議論が必要である。この部分を原文で示すと「天子相見問訊之日本国天皇平安以不」ということになる。

この中で問題となるのは「日本国天皇」の語句である。これが認められると、公的な形で日本号が使用された時期が斉明朝までさかのぼることになる。しかし、唐側の勅旨の中には「汝等倭客」とあるし、また、地の文にも「諸蕃の中に倭の客最も勝れたり」とある（ⓒの中にも「大倭」がみえる）ので、この遣唐使が「日本」という国号を名乗っての遣使でないことは明らかであろう。本来は「倭国天皇」とあったものを『書紀』編者が「日本国天皇」と改めたもので、令制後の修文であるとする見解もある（小島・直木・一九九八）。しかし、別の勅旨に「汝等倭客」とあるのだから、この「日本」の部分だけ『書紀』編者が手を加えるということはありえない。

そこで考えうるのは、原文は「天子相見問訊之曰、本国天皇平安以不」であって、本来は「日」は「曰」の誤りとみる『書紀集解《しっかい》』（河村秀根・益根、天明五〈一七八五〉年成立）の見解が注目される。すでに増村宏の指摘があるように、『博徳書』には唐帝が遣唐使人への質問にはすべて「天子問曰」となっている。また、「本国」もその用例が多い。例えば、天子の蝦夷《えみし》の質問に対して、使人は熟《にぎ》蝦夷は「歳毎《としごと》に、本国の朝《みかど》に入《まい》り貢《たてまつ》る」と答えている。なお、天皇号については、中国側がわが国の君主を天皇とよんだ例はないから、これも増村のいうように単に「王」もしくは「国王」とあったろう。したがって増村のいうように、唐帝の勅旨は「天子相見問訊之曰、本国王平安以不」であって、「王」を「天皇」に改めたのは『博徳書』における博徳の意図的な加筆・修正と推定できる。なお、「本国の王」というような唐帝の言い方の例がありうるかであるが、増村は『日本後紀《こうき》』桓武《かんむ》天皇延暦二十四年六月乙巳の条に、唐帝が宣レ勅云「卿等銜二本国王命一、遠来朝貢、遭二国家喪事一、須緩々将息帰郷」とある例をあげている。ここでは大使藤原葛野麻呂《ふじわらのかどのまろ》に対して唐帝の勅が宣せられ、「卿等本国の王命を銜《ふく》みて（奉じて）遠来朝貢し、国家の喪事に遭う。須《しば》らく緩々将息《かんかんしょうそく》して（ゆっくり休養をとって）帰郷すべし」とあって、日本のことを「本国」とよんでいる（増村・一九八八）。

『博徳書』が持統朝初めころの著述であったとすれば、持統天皇三（六八九）年には『飛鳥浄御原令《あすかきよみはらりょう》』が発布されているから、『浄御原令』に基づく「日本国天皇」という最新の知識で作文したという可能性もあるが、すでにみたように問題であったのは日本号でなく、天皇号であったであろうから（それは推古朝以来の外交課題）、博徳が気にしていたのは「王」を「天皇」に改変することであったろう。

『海外国記』

(B)瑞渓周鳳《ずいけいしゅうほう》編『善隣国宝記』(文明二〈一四七〇〉年成立)に『海外国記』(天平五〈七三三〉年、春文撰)が引用されているが、そこには天智天皇三年四月・九月・十二月に「大唐客来朝、大使朝散大夫上柱国郭務悰《かくむそう》等」の来朝関係記事がみえる(『日本書紀』では天智三年五月・十月・十二月条にその関連記事がみえる)。

『海外国記』では、このときの郭務悰の来朝は『日本書紀』に比べるとかなり詳しく記されており、『書紀』にはみえないが、日本側はこの郭務悰の来朝は正式な唐本国の使者でなく、百済にある唐の鎮将の私使であるとして上京を許さず筑紫《つくし》大宰で処理した。このとき、郭務悰は鎮将の牒書《ちょうしょ》を進上せんとしたのであるが、私使であるということで牒書も朝廷に伝えない旨を告げられた。

十二日に郭務悰らは帰国の途についた。そのときに返書(牒)が与えられた。『海外国記』によると「十二日、博徳客等(郭務悰)に牒書一函を授く、函上に鎮西将軍と著す、日本鎮西筑紫大将軍百済国に在る大唐行軍摠管に牒す……」とあった。志水正司は、この『海外国記』には博徳の記録が参照されたらしく、かなりの信憑性をもつものだといわれている(志水・一九九四)。

この牒書に関して鈴《すず》木《き》靖民《やすたみ》は、「鎮西」や「牒」の書式、あるいは郭務悰を「執事」とよんでいることなどは天智天皇三（六六四）年ごろの史料としては信憑性が疑われるといわれている（鈴木・一九七二）。この牒書の「鎮西将軍」は「日本鎮西筑紫大将軍」とあるように筑紫大宰府の将軍を意味するが、鈴木がいうように官司としての「鎮西府」が創設されたのは藤原広嗣《ひろつぐ》の乱後の天平十五（七四三）年十二月で、大宰府を廃止して設けられたものである。ただし、二年後には廃止され、大宰府は復置された。

では、この牒書なるものは『海外国記』による造作なのであろうか。そうとは思われない。この牒書は博徳が授けたとあるように、伊吉博徳が実際の責任者としてこの牒書の作成にあたったものであろう。そして、おそらく『伊吉連博徳書』に記載されていたものをそのまま『海外国記』が掲載したものとみるのがよいであろう。〝牒〟としたのも、律令の書式規定によるものでなく、百済鎮将の牒書に対する返書であり、官司間の文書でもあるから〝牒〟としたものであろう。筑紫大宰の外交責任者を「日本鎮西筑紫大将軍」と大仰にかまえたのも、相手側の牒書にあった「百済国大唐行軍摠管」に対応すべき称号として記したものであって、天智天皇三年の時点での公式的な官職名として考えなくともよいと考える。

この天智天皇三年は、前年白村江《はくそんこう》の戦いでわが国が敗れた直後であったから、まさに臨戦体制下にあった。したがって、「鎮西筑紫大将軍」という臨時の、あるいは戦時の軍政官的称号があっても不思議ではない。

　鈴木靖民は、この称号（官職）について、「これは多分百済鎮将に対応すべき対外的な称号であり、国内において用いられたとは思われない。だがここにも日本鎮西筑紫大将軍＝筑紫大宰府と在百済国大唐行軍総管＝百済鎮将とが対等の関係にみたてられているのである」（鈴木・一九七二）と述べているように、「鎮西筑紫大将軍」なる称号は対外的な称号として一時的に称えられたものとして理解できる。

　ところで、『日本書紀』天智天皇六年十一月条には、「百済鎮将劉仁願、熊津《ゆうしん》都督府熊津県令上柱国司馬法聡等を遣して、大山下境部連石積《さかいべのむらじいわつみ》等を筑紫都督府に送れり」とある。右の境部連石積は、天智天皇四年に遣唐大使守君大石《もりのきみおおいわ》とともに副使として唐に渡っている。ここでは筑紫大宰府が筑紫都督府となっている。これは、百済の熊津都督府に対応する形で、筑紫大宰府を軍政府的性格から唱えた表現とみることができる。もちろん、後代の造作ではなく『伊吉連博徳書』にあった用字ではないかと考えることもできる。ただ、これを単なる用字の問題として処理してしまうことにも不安はある。先の「鎮西筑紫大将軍」あるいは「鎮西将軍」との対応性を考えると、臨戦体制下にあった軍政府の「筑紫都督府」と軍政官の「鎮西筑紫大将軍」（「鎮西将軍」）とのセットとして考えられないか。すなわち、一時期、筑紫大宰府を対外的に筑紫都督府―鎮西筑紫大将軍と称した時期があったと理解したい。

こうしてみると、「日本鎮西筑紫大将軍」は、造作ではなく、天智天皇三年の時点での称号であって、博徳が「日本」を冠して外交文書として記したものであった。外交文書であるから冒頭に「日本」をつけるのは不自然でない。人によっては、本来は「日本」でなく「倭国」とあったものをのちに改変したとする意見がありうるかもしれないが、筆者は君主号にかかわる問題でないからそのように改変する必然性は少ないと思う。したがって、日本号はすでに天智朝に対朝鮮関係においては使用されていたということになる。この辺の意味については後述したい。

さて、『善隣国宝記』鳥羽院元永元（一一一八）年に、宋国の牒状が前例にかなっているかどうか調査を命じられた式部大輔菅原在良が隋・唐以来本朝に献ぜられし書例を勘申したことがみえる。

推古天皇十六年、（略）天智十年、唐客郭務悰等来聘す。書に曰く、大唐帝［皇脱カ］敬みて日本国天皇に問う、云々と。天武天皇元年、郭務悰等来る。大津の館に安置す。客の上書の函に題して曰く、大唐皇帝敬みて倭王に問うの書、と。(以下、略)。

この天智天皇十年の郭務悰の来聘《らいへい》は、すでにみたように合計二〇〇〇人の一行で、白村江の際に捕虜になった日本人や百済にいた在留日本人や亡命百済人などの送還ではなかったかといわれているものである。郭務悰は天智天皇十年十一月にきて、翌年(天武天皇元年)の五月に帰国している。

問題になるのは、天智天皇十年と天武天皇元年と二つの国書があるようにみえる点である(この点の議論については、田中・一九九五の補注参照)。

この点については、『日本書紀』天武天皇元年三月条に「郭務悰等再拝《おが》みて、書函と信物とを送る」とあるから、郭務悰はこのときはじめて国書を提出したとみられる。『書紀』からみると二つの国書が提出されたわけでない。

堀敏一は、日本や天皇の号はまだ成立しておらず、また唐の皇帝が日本の君主をよぶとすれば「倭王」の称を措いてはない。八世紀になってからは「日本国王」とよばれるが、天皇とよばれることはない。「日本国天皇」という宛て名はのちに倭王の称を日本国内で書きかえたものであろうといわれている(堀・一九九八)。これが有力説とみてよいだろう。

この点について鈴木靖民の見解は興味深い。鈴木は、前者の天智天皇十年のものは「書函の文」、後者の天武元年のものは「書函の標題」として区別し、「日本国天皇」と「倭王」というように相違しているのは、標題の方は唐本国の手になる字句であり、本文の方は熊津都督府が作成したために生じた食い違いかもしれないという。また、「日本国天皇」とある方が日本の歓心をえるうえで適切であったことはいうまでもないとしている（鈴木・一九七二）。この点をさらに敷衍《ふえん》すれば、大庭修のいうように天智天皇十年（日本国天皇）のものは郭務悰または熊津都督府レベルの文書で、後者の天武天皇元年（倭王）のものは大津館に安置されて以後に提出された正式文書で、二つの文書があったと考えることもできようか。一案としてあげておきたい（大庭・一九九六）。

鈴木が「書函の文」と「書函の標題」の相違に注目した点は重要である。ただ、「函の題と中身の文書が大きく異なるのも不可解である」るという指摘もあるから（田中・一九九五）、本文の方も標題と同じく「大唐皇帝敬問倭王云々」とあったのをのちに「倭王」の部分を「日本国天皇」とかえたのだろうとの解釈もありうるが、それならばなぜ天武天皇元年の「函の標題」の方も「倭王」を「日本国天皇」と変更しなかったのだろうかという疑問もわく。後代造作（作為）説は日本古代史料批判の一つの有力な流れとしてあるが、ときには恣意的で安易な方法論に化す場合も多い。

こう考えると、鈴木や大庭の指摘も成立する余地はある。すでにみたように、天智天皇三年に筑紫大宰もしくは筑紫都督府が熊津都督府の「在百済国大唐行軍摠管」に送った牒書では「日本鎮西筑紫大将軍」であった。したがって、「日本」という国号はすでに相手側の都督府に知られているはずである。この郭務悰の派遣の目的に捕虜・亡命者などを送還することによって対新羅戦に日本側の軍事支援を要請するということがあったとすれば、「日本国天皇」という言い方はありえたであろう。ただ、それが唐本国のお墨付きの国書であることを示すためには、「書函の標題」には「大唐皇帝敬問倭王書」という本国の確認済の標題が必要であったのかもしれない。筆者は、天皇・日本号の成立が天智朝よりは後代であるということを前提に議論していない。

以上、『善隣国宝記』所引の史料からは、日本号がすでに対朝鮮外交の場では天智朝に使用されていた可能性があることを結論づけておきたい。

『日本世記』

次に、(C)『日本世記』の書名についてみてみよう。『日本世記』は高句麗道顕の著述である。この史書は『日本書紀』の中の(イ)斉明紀六年七月条、(ロ)同紀七年四月条、(ハ)同紀七年十一月条、(ニ)天智即位前紀十二月条、(ホ)同紀八年十月条の五ヵ条に分注として引用されている。志水正司によると、この分注のほかに『日本書紀』

本文に『日本世記』を利用した、あるいは依拠した部分があるとして八ヵ条ほどが指摘されているが、ここでは省く。逸文から知られる限りでは、百済の滅亡とその後の様子や高句麗を中心とした朝鮮半島の危機的な政治事情を記しており、日本とのかかわりをもった対外関係を記述した史書であった。ただ、(ホ)には藤原鎌足《ふじわらのかまたり》の死を悲しむ記事がある点がこの史書の特徴となるであろう。

この『日本世記』について志水正司は、「道顕の履歴については、日本に来朝した年代も、死亡した年次も詳《つまび》らかでない。鎌足伝の白鳳十三年＝天智元年条に道顕の発言がみられることと、斉明紀七年十一月条所引の日本世記に続守言らが筑紫に至ると日本側からの表記が認められることなどから、斉明末年、天智初年にはすでにわが国に渡来していたことが推察されよう。また天智天皇八年十月の鎌足の死没の際に哀悼の辞（おそらく誄《るい》であろう）を叙べているから、歿年はそれ以後のことであろう」と指摘している（志水・一九九四）。

右の志水の指摘をふまえると、『日本世記』の成立は天智天皇八（六六九）年以降ということになるから、天武朝の撰述とするのが穏当か（上田・一九九八）。問題なのは、『日本書紀』成立（養老四〈七二〇〉年）以前に私人の史書に〝日本〟が冠せられている点であって、これはヤマトに倭でなく日本という表記を使用すること、あるいは倭の異称としての日本が日本号制定（採用）以前にすでに一部の人々―とくに渡来系の知識人―の間でおこなわれていたゆえではなかろうか。このことは、百済関係の事跡を記載している『日本旧記《くき》』というものが雄略《ゆうりやく》紀二十一年三月条の注記にみえていることも参考になる（ただしこの書はここにみえるのみでまったく不明）。

『百済本記』

(D)　『百済本記《くだらほんぎ》』は『百済記』『百済新撰』とともにいわゆる百済三書といわれる史書の一つで、完全な書としては伝わらず逸文として『日本書紀』の継体《けいたい》・欽明《きんめい》紀に集中して注として引用されている。そして、そこにはわが国を日本と表記し、日本天皇・日本府・日本使人がみえる。ここでは、百済側の史書に日本という国号が記述されている意味について考えてみたい。

『書紀』編者は、この『百済本記』をかなり信頼し、それを分注で引用するだけでなく、それをもとにして『日本書紀』本文を叙述しており、とくに継体・欽明朝の外交関係は『百済本記』がなければ叙述できないものである。その信頼ぶりは、継体天皇の崩年について、或本にあった「二十八年甲寅」説をしりぞけ、本文を『百済本記』によって「二十五年辛亥」と決めている。

こうした『百済本記』にみえる日本・日本天皇・日本府などは、⑴『百済本記』の原本にもともとあったものを『書紀』編者がそのまま引用したものか、⑵あるいは『日本書紀』編纂の段階で、『百済本記』には本来、倭国・倭王（倭国王）・倭府などとあったものを日本・天皇に改変したものか、⑶あるいは百済滅亡後、亡命した百済人が本国から将来した『百済本記』を『書紀』編纂局に提出する際に日本側に配慮（日本政府の意を酌《く》んで）して、日本あるいは天皇などと修正・改変して提出したものか、ということになる。

これは史料批判の問題もからんでたいへん難しい問題であるが、筆者は日本号だけについていえば、⑴の立場にたつ。日本号は、『百済本記』の原文に本来あったもので生の記録であったと思う。この見方は、三品《みしな》彰英《しょうえい》・井上秀雄の日朝関係史の専門家の主張されたことである。

三品彰英は、聖明王（在位五二三～五五四年）は北敵高句麗、東の新羅に対して積極的に出撃して活躍する時代であり、それだけに懸命に日本に頼り、仏教をはじめ日本の求める諸文化を伝えることに誠意を示した。五五〇（欽明十五）年に新羅との戦いで王は戦死し、太子余昌（威徳王）は二年の空位ののち、日本の強力な軍事支援のもとに即位したと時代的背景を説明したあとで、『百済本記』は東城王―武寧王―聖明王の三代の史書で次の威徳王（在位五五四〜五九七年）のもとで撰述されたものであること、「そして日本との外交交渉の記事が生の記録をそのまま使った節が多いことから考えて、文中の『日本府』『日本天皇』などの用語は聖明王自身が使用したものであった」とされた（三品・一九六二）。

また、三品は、「日本」「日本天皇」「日本府」などの称呼は、最初百済聖明王が敬称的に用いた名辞であって初見は六世紀中葉にある。それは朝鮮で古くから東海のはるか彼方に、具体的には日本という日出の国があるとする伝説と迎日《げいじつ》信仰があって、それが日本という称号に対する示唆となったといわれている（三品・一九六二）。

この三品の見解には天皇号も含まれているのでやや問題点も感ずる。三品が敬称的というとき、天皇号があるからであろうが、はたして天皇という君主号まで聖明王が最初に唱えたものであるのか俄かに賛成できない。天皇号の出現を欽明朝にみる見解もあるが、そして筆者にはその可能性を全面的に否定する意思はないが、現在は天皇号の出現はやはり七世紀初めごろの推古朝の「東天皇、敬みて西皇帝に白す」（国書）、「天皇記・国記」（史書の編纂）をもって考えるのが適切であって、欽明朝（六世紀中葉）にはさかのぼれないだろう。

筆者は日本号と天皇号とは分けて考えるべきだと思う。百済の聖明王が倭王に変えて天皇号を使うということは、そこに〝王〟号を超えた敬意をみることができるが、日本という呼称はそこに優越性・敬意が宿っているというものではない。三品のいうように、東海の彼方の、日出ずる国という方位の呼称と迎日信仰（『三国遺事』にみる延烏郎・細烏女説話）とが結びついて朝鮮半島で中国に発信源をもつ〝日本〟が自然な形で成立したものであろう。

そこで『三国遺事《さんごくいじ》』（高麗僧一然《いちねん》、十三世紀末）の延烏郎《えんうろう》・細烏女《さいうめ》説話についてみておこう。この話は、新羅八代阿達羅《あだつら》王四（一五七）年のこととして記載されている。新羅の東海岸に延烏郎と細烏女という夫婦が住んでいた。ある日延烏郎が海藻をとっていると突然一つの岩（魚ともいう）があらわれて彼を日本へ運び去ってしまった。そのあと妻もまた同じように日本に去っていってしまった。そのため新羅では太陽も月もいつもの光を失ってしまった。新羅王はこまって使者を日本に送り二人を帰国させようとしたが、延烏郎は天の命できたのだからそれは無理であるとして、妃（細烏女）の織った絹を使者にわたし、これをもって天神を祭れば良い結果がえられるといった。それで新羅王にそれを献じ天神を祭ったところ太陽も月も旧《もと》にもどった。その天神祭祀の場所は迎日県と名づけられたという。この話は、太陽の誕生を日本とみる伝説であって、迎日《げいじつ》県は慶尚北道迎日郡（迎日湾にのぞむ）で日本海に面している。ここで迎日儀礼が実修されたものであろう。

〝日本〟という名辞に何か特別の意義・神秘を感じて、イデオロギー的意味あいをもって語るのはよくない。すなわち、太陽が生まれてくる神秘の国、太陽の真下にある世界の中軸の国、日神＝天照大神の照らす下にある柔和な国といったイデオロギー的価値観を含ませた見方である。

日本の発信源は中国であり、朝鮮半島を経てわが国に到達した名称であって、わが国固有の伝統的なヤマトの国号（それは対外的には、倭・倭国として表記されていた）とは別の次元で、倭国の別称として朝鮮半島（新羅や百済）の知識人が呼称・表記したものが、渡来人によってわが国にもたらされ、わが国で国号として採用されたものであろう。

井上秀雄は、「百済三書の分析から百済側史料は本来、百済王室を中心に百済側からみた歴史を綴ったものである。これがたとえ日本の朝廷に奉られた場合でも、若干の語句を改筆したにすぎなかった。……若干の造作・改作はあっても書紀編者の原文尊重主義は一貫しており……」と述べている（井上・一九六六）。筆者もこの認識に賛成する。こうしたことから井上は、「日本府」の名称は『百済本記』によって作られたものであり、また、日本の称号についても東方という国の意味であって百済側の呼称であるとしている（井上・一九八〇）。筆者も「日本府」という名称は『百済本記』に本来原文としてあったもので、その実態は「安羅《あら》（日本府の所在地）に在る諸《もろもろ》の倭臣《はべ》」（欽明紀十五年十二月条）や「倭宰〈ヤマトノミコトモチ〉」（『釈日本紀』秘訓）かもしれないが、『百済本記』ではそれを「日本府」という一つの政治機関として認識したのである。決して、原本の『百済本記』に「倭府」とあったものを『書紀』編者が改変したものではないだろう。『書紀』編者が「日本府」という用語を造作したと考えることもまず無理なことであろう。それはあまりにも造作を安易に考えすぎている。これは『百済本記』の述作者の造語とみるのが一番無難であろう。

『百済本記』『百済記』『百済新撰』三書の性格

百済三書の一つ『百済記』では、わが国を「貴国」「大倭」としており、『百済新撰』では「倭」「大倭」が使用されていて、『百済本記』では「日本」となっている。したがって、『書紀』編者の改変説をとると、なぜ『百済本記』だけ倭を日本へ改変したのかの理由がわからなくなる。君主号については、百済三書はみな天皇（『百済新撰』に天王が一例ある）で一致しているからである。

気になるのは、『百済記』では大倭が一ヵ所（神功皇后摂政六十二年）とみえるだけで、あとは特異な「貴国」を倭国の代わりに使用している点である。

貴国について、神田秀夫は、「貴国」は「貴い国」というより「あなたの国」「お国」の意で、しからば「百済記」は日本へ送られてきた書簡だった。日本における国史編纂（任那滅亡後の六世紀中葉）の要請が百済に対する史料提出の要求となり、その求めに応じて送られてきたものが「百済記」であったという（神田・一九六〇）。これに対して栗原朋信《くりはらとものぶ》は、「貴国」は対等の外交関係にある両国が敬称として貴国と呼び合う側が後世にはみられるが、『百済記』にみる「貴国」はそうではなく、傾斜関係をもった上位の大国としての貴国であるとしている（栗原・一九七八）。「貴国」というのは二人称的呼称であるから、それは坂本太郎のいうように日本側の修史家が『書紀』を編纂するときに原史料を修正して自分の国を「貴国」と名づけることはまずありえないことであって、『百済記』の撰述者が意識的に「貴国」を使ったことになる（坂本・一九八八）。この点、三品彰英は、二人称的な呼び方であるこの「貴国」や「天朝」（君臣関係を示す、応神紀八年・二十五年の『百済記』）という言い方などからも、『百済記』が「百済自らのために書かれた史書でなく、日本を相手として日本側に読んでもらうことを意識して、あるいは企図した書物らしく、なお一歩すすめていえば、何らかの理由と目的のもとに日本側に提出したものという感じが深い」とし、より具体的には、加羅《から》諸国および南朝鮮地域における百済の特殊権益を主張したもので、のち聖明王代（五二三～五五四）の理想像を投影した書であるという（三品・一九六二）。

最後に山尾幸久は、「貴国」は相手の尊称ではなく（すなわち二人称的な呼称ではなく）、卑賤の国に対する尊貴の国、蕃国に対する貴国であり、「可畏天皇《かしこき》」と対応する言葉であって、「カシコキクニ」と読むのが適当であろうと少し違った見方をしている（山尾・一九八九）。

この『百済記』は、神功・応神紀、とんで雄略紀二十年に一ヵ所引用されているものの、中心となるのは神功～応神紀であり、百済王代としては近肖古王・近仇首王代である。この時代は『書紀』にはわが国が朝鮮半島と深いかかわりをもって進出していった時代として描かれている。したがって、『書紀』編者がそれに見合うように『百済記』に大幅に手を入れて、「貴国」―「天朝」―「天皇」などの用語を造作―潤色したという主張も出てくるのであるが、筆者は『書紀』編者はその基本的態度として、そうした引用史料（原文）に手を入れて大幅に造作・改変したという立場はとらない。そうした後代の造作・作為が絶対なかったとは断言できないが、それを前提として認めてしまうと、かなり恣意的な歴史像が生まれてしまうことの危惧を感ずる。原文尊重主義は史官としての基本的態度で、『日本書紀』全体を通覧しても、その原文尊重主義の立場は貫かれていると感じている。三品彰英は潤色説を批判して、「書紀撰者が分註引用の原文までも改めるほどの潤色主義者であったとすれば、ひとり『百済記』の貴国だけでなく、日本にとって甚だ面白くない『百済新撰』の用語「倭」などは当然同様に潤色してよい筈の不都合な称号である。また貴国だけを書き改めたとしても、前後の表現・文体までが首尾一貫する筈がない」といっている（三品・一九六二）。

こうしてみると、「貴国」（「天朝」も含めて）は『書紀』編者による改変・潤色とみることはできないから、それは本来『百済記』の原文にあったとみることが妥当である。とすれば、どうして『百済記』はそうした敬称的名辞を使用したのか。この点は、「天皇」や「日本」の用語も含んだうえでの問題になるから、百済三書全体の性格の問題となる。

百済三書などの百済史料の字音仮名字を分析された木下礼仁《きのしたれいじん》は、「百済史料」（百済三書）を推古朝遺文（伊予道後温泉碑文・元興寺塔露盤銘・天寿国曼荼羅繡帳銘・法隆寺金堂釈迦仏光背銘・上宮記逸文・上宮太子系譜・元興寺丈六光背銘・法隆寺金堂三尊仏光背銘の八資

料）との表記法体系においてきわめて高い近似性があること、「百済史料」に用いられている字音仮名字が『書紀』本文のそれとは明らかに相違する位相をもっていることを指摘された。その結果、「百済史料」の記事成立の時期を推古朝を中心とする時期、ただし「百済史料」にみえる「日本」という国号が推古朝以後になってからだとすれば、それを少し下る時期であって、『日本書紀』の七世紀末、あるいは八世紀初頭まで降って位置せしめることはできないこと、それは推古朝逸文を残したのと同じ流れの文化荷担者の手――日本と百済との関係史に足跡を残した人々、その末裔ないし渡来系の人たちが考えられるとされる（木下・一九九三）。

　木下の見解は、百済との深い関係をもった人々がわが国に渡来してきて、わが国で百済三書を編集した、その時期は推古朝を中心として少し下る時期とするものである。

　これに似ているのが三品彰英の見解である。三品は百済三書の性格を、「百済史一般を記述したものでなく、百済と日本との関係を主題とした特殊史的なものでなかったか」として、『百済記』とその続編としての『百済本記』は「加羅問題特にその権益に対する百済の主張が問題意識となっていること」を指摘された（『百済新撰』は二書の不足を補ったもので新たに付加されたものとみる）。そして、『百済記』（蓋鹵《がいろ》王の死をもって擱筆《かくひつ》）の撰述は、最も古くみて欽明朝（百済では聖明王代）のころであり、おそらく推古朝までと推断し、『百済本記』（霊明王代をもって擱筆）は、日本という呼称を使用している点から推古朝以後であるが、借字法などからしても推古朝をあまり遠く隔たった時期ではなかったろうといわれている（三品・一九六二）。三品説は、『百済記』『百済本記』にかなり意図的な撰述目的（百済側による対日外交政策のためという）を指摘しているが、そうしたものを百済本国でつくって日本政府に貢上したというのは余程の事情があったとみなければならないから、その貢上の時期や事情が問題となろう。この三品説に似ているのは井上秀雄の見解である。

井上は、『百済本記』を中心としてであるが、同書の編纂時期は「任那問題を中心とする羅済関係を、日本の軍事的支援によって百済に有利に解決しようとした時期である」として、推古天皇五（五九七）年久しく途絶えていた対日外交を再開するために王子阿佐を派遣した威徳王代の編纂が示唆できるという。そして、日本政府への献本の時期は推古天皇十年十月（百済僧観勒《かんろく》らの来朝）でなかったかと推測している（井上・一九六六、同・一九八〇）。井上説は、『百済本記』の編纂は「大和朝廷へ提出することを前提に、百済人によってあらわされた歴史書であり、百済王朝が加羅諸国の支配権を大和朝廷に承認させせようとする目的であった」（井上・一九八〇）ともいっており、三品と同様に対日外交のための歴史書編纂という政治主義的解釈となっている。この点、史書編纂と外交政策という政治問題を直結させるのがはたして妥当なものかどうか。

これに対して笠井倭人《かさいわじん》は百済三書がわが国への呈上目的をもって編纂されたとする見解を批判され、三書の撰述は百済王脈の結節点、または王脈観と密接に結びついて編纂されたもので、いずれも本格的な百済史をもった史書であるとされた。具体的には、『百済記』は近肖古王から蓋鹵王までの漢城時代の歴代系の王脈史で、『三国史記』百済本紀の流れにそって編纂されたもの、『百済本記』は威徳王代において同王と直系的血縁関係にある武寧《ぶねい》王と聖明王との両代の歴史を顕彰するために撰述されたもの、『百済新撰』は蓋鹵王即位―武寧王即位を対象として、毗有《ひゆう》王の存在を認めず、毗有王とは違った新しい王脈を対象として編纂されたものとしている。ただし、三書の文中には、わが国を意識し百済の自国史としては不自然な用語が随所にみられることから、三書の記述は二次的な修飾を受けているとされた（笠井・二〇〇〇）。笠井説では、『日本書紀』引用の百済三書の世界は全体の中の一部ということになろうか。

坂本太郎の見解は以上みてきた諸説とは違っている。坂本は、百済三書は原記録は百済で書かれたとしても「こういう書物の形にしたのはかなり後で、具体的には百済滅亡後日本に亡命した百済人が、その持参した記録を適当に編集して、日本政府に呈出したものだろう」（坂本・一九六四）としたが、この見解をさらに発展させたのは久信田喜一や山尾幸久である。

久信田は、『百済本記』について、その原記録（『原百済本記』）は推古朝前後にわが国への乞師《こつし》交渉を有利に展開するための一資料として百済人によって撰述されたものであるが、その後の百済滅亡以後、日本政府へ提出するために百済の帰化人によってその原記録が編集し直されて、現『百済本記』として出来上ったとして二度にわたる撰述編集を指摘する。これは、木下礼仁の百済史料の字音仮名の研究から『百済本記』が推古朝前後に成立したものであることは動かし難いこと、また、『百済本記』には大化以後にしかあらわれない「日本」号があることをどう矛盾なく説明できるかという氏の解決案であった（久信田・一九七四）。

一方、山尾は、『百済本記』は持統天皇四（六九〇）年前後、在日の百済王の名によって纂進されたもので、それは百済王後裔《こうえい》氏族や百済出身貴族の律令国家における政治的地位の確保を狙いとしている。他の二書はそれより遅れ『百済本記』の記述を前提としている。『百済記』は漢城時代の百済・倭の関係史として編纂され、『百済新撰』は『日本書紀』本文の第一次成立前後の纂述ではないか、それは先行二書によって著作された中間を埋める材料として「新撰」されたという。山尾は、六世紀末（推古朝）編纂を批判し、百済滅亡後の七世紀末の百済王後裔氏族の日本での編纂を重視する。すなわち、『百済本記』はその書名そのものが〝百済王の奉仕の由来記〟といったもので、武寧王・聖明王代の天皇の祖先への奉仕の由来を撰上する必要があったとする。その点で百済三書、とくに『百済本記』のもつ政治性が強調されている（山尾・一九八九）。要するに、山尾説は三品彰英・井上秀雄の三書の日本政府への呈上説を推古朝ごろから百済滅亡後に引きさげ、坂本太郎の亡命百済人の編集説をよりいっそう目的意識化した見解といえよう。それは研究史的には諸説の統括―到達点を示すもので、現在の有力説となっている。ただ、山尾説が万全かといえば筆者なりに問題点を感ずる所もある。

山尾説は、百済本国でつくられた百済三書の将来《しょうらい》でなく、原史料の将来となっており、この点、百済亡命貴族の改変・修正・潤色というレベルではなく、百済から将来した史料を一定の目的のもとに編纂したということになるから、かなり大がかりな編纂事業を考えなくてはならない。また、山尾のいう白村江後の百済亡命貴族の律令国家における政治的地位の確保の狙いと百済三書の編纂とが直結することになるかどうか。こうした政治と史書編纂を結びつける見解はかなり現代的な考え方で、文字―書物にあまりにも強い力（影響力）をおきすぎていまいか。山尾・坂本は将来した史料をもとに亡命貴族が史書を日本で編集したとされるが、その場合、なぜ三書という形になったのかが問題となる。三書はそれぞれ特徴をもった別個の史書となっているから別々の編纂主体を考える方がよく、それは百済本国ですでに史書として形をなしていたと考えた方がよいであろう。

百済三書について筆者はまだ十分な解答を示せないのであるが、現時点でのいちおうの結論としては、百済本国でつくられた百済三書（成書）が百済滅亡後に亡命貴族によって将来された、それが日済関係を中心として在日百済人（渡来系）の人々によって修正―潤色の手を経て（天皇・天朝・貴国などは明確にその実例）日本政府（書紀編纂局）に提出されたものと考えておきたい。その意味で筆者は笠井説に近いが、百済本国での百済三書の史書がどの程度のものであったか、また、在日百済系渡来人の修正―潤色がどの程度のものであったのか、はっきりした具体像を示せないので今度の課題に待つところは大きい。

別称としての日本

最後にまとめをしておこう。『百済本記』の特徴の一つは、『百済記』『百済新撰』の貴国・大倭・倭に対して、日本号を使用している点にあった。そして、日本府・日本天皇という用語もみられる。この日本号は、『百済本記』に本来あったもので倭国の別称として使われたものである。「日本府」も『百済本記』の撰述者の造語であった。〝日本天皇〟に関しては、『百済本記』には本来〝日本国王〟とあったものを、在日渡来系百済人、もしくは亡命百済人が『百済本記』に修正し潤色をほどこして日本政府に提出した結果であろう。〝日本〟号も『百済本記』の提出の際に〝倭(国)〟を〝日本〟に改変したということも考えられるが、すでに述べたように、天皇号と日本号は区別したい。天皇号には倭王・倭国王を超えた優位性が認められるが、日本は倭国の別称で東方の国、日出ずる国という方位を示す呼称であるにすぎない。天皇号が百済三書ともに一致して使用しているのに対して、わが国をよぶ国号は三書それぞれ特徴をもった呼称になっている。

以上みてきたことは、日本という国号が『日本書紀』編纂開始を契機に『飛鳥浄御原令』で正式に制定される以前、すでに天智朝期には朝廷周辺で、とくに百済系渡来人を中心に、あるいは知識人の間で、書物のうえで、あるいは文書において使用されていた前史があったということである。そして、日本号の確実な初見は『百済本記』であった。しかし、そうした『百済本記』の史書の将来を待たなくても、いろいろな回路で倭国を日本という別称・異称で記すことが天智朝を中心として流行していたのであろう。日本政府（朝廷）ではそうした前史を受け、公式にそれを国号として採用したのであろう。

戦前の研究史をふりかえる――エピローグ

ヒノモトとしての日本

日本という国号は、戦前の研究史の一端をみてもなかなか一筋縄ではいかない問題点をかかえていた。論争ともいうべきものとしては、明治三十年代になって漢学系の星野恒《ほしのひさし》と国学（国文学）系の木村正辞《きむらまさこと》との間で戦わされたものが興味深い。

星野は同じ漢学系の重野安繹《しげのやすつぐ》・久米邦武《くめくにたけ》と同僚で帝国大学文科大学教授であったが、彼らの言動は国学者・神道家の反感を買っていた。重野は南朝の忠臣児島高徳《こじまたかのり》などの実在を否定したことから、〝抹殺博士〟の異名をもって聞えていた。久米は「神道ハ祭天ノ古俗」（一八九二年、『史海』八に掲載）という有名な論文で、神道は宗教でなく、ただ天を祭り攘災招福《じょうさいしょうふく》の祓《はらえ》をなすまでの古い習俗であると発表し神道家の激しい怒りを買い、雑誌は発売禁止となり、教授職も追われた。この時期、神道が宗教とは袂《たもと》を分かって国家神道として国教化としていく過程の中で起った事件であった。

また、星野の「本邦ノ人種言語ニ付鄙考《ひこう》ヲ述テ世ノ真心愛国者ニ質ス」(一八九〇年、『史学会雑誌』一一)の論文も、神道家—国学者から国体を冒瀆《ぼうとく》するものとして非難された。この論文は、日本と韓国とは「もと一域にして、他境に非ず。其《その》全く別国に変ぜしは天智天皇以後に始まる」とする日鮮同祖論であったが、この時期、日鮮同祖論は国体を汚し、愛国心なき言説とみなされていた。

星野の国号論についてみておこう。星野は、神武《じんむ》天皇の遷都以来「ヤマト」という国号があったが、日本という国号は推古《すいこ》朝(六世紀末)以前からいわれていた「ヒノモト」という原語に漢字二字の「日本」を塡用《てんよう》したものであるとした。推古朝になって、対外的に国号制定の必要を感じて「日出処天子」(『隋書』倭国伝)、あるいは「東天皇」(『日本書紀』推古天皇十六年九月条)の「日出処国」、「東国」などの国号の模索もあったが、それらは国号として定着せず、大化改新《たいかのかいしん》後の孝徳《こうとく》天皇のとき(七世紀半)に日本号が制定された。それが唐に対して使用されたのは、大宝のとき(八世紀初)であったとする(星野・一八九

二、同・一八九九)。

これに対して木村は、推古朝以前にヒノモトという称があったということは何の証拠もないことである。ヒノモトという呼称が上古にはないという説は、江戸中期の国学者荷田《かだの》春満《あずままろ》に始まり、賀茂真淵《かものまぶち》・本居宣長《もとおりのりなが》なども同じで、「千古動くまじき説なり」として国学者の間では確定したものだとして反論した。そして、ヒノモトというのは日本《ニホン》という称号（文字）が制定されたあと、字訓として出てきたものであるとしている。木村は帝国大学文科大学教授で『万葉集』研究に功績のあった人であったから、唐土において本郷（日本）を憶ってよんだ山上憶良《やまのうえのおくら》の歌を論争で取り上げた。

去来子等《いざこども》　早《はやく》日本辺《へ》　大伴乃《おおともの》　御津乃浜松待恋奴良武《みつのはままつまちこいぬらむ》

（『万葉集』巻一―六三）

右の歌にある〝日本〟を、久米は上古以来の古訓であるとして〝ヒノモト〟とよんだが、木村は『万葉集』の訓読が進んできた結果、江戸以来の訓読（荷田春満以降の）で〝ヤマト〟と訓《よ》むべきだとしてその考証を展開した。この点について現在の『万葉集』の註釈書は、いづれも〝ヤマト〟とよんでおり、〝ヒノモト〟とよむものはない。

すでにみたように、ヒノモトから日本号が成立したとするものに枕詞《まくらことば》説もあった。すなわち、「日《ひ》の本《もと》の」ヤマトという、ヤマトの枕詞のヒ《(日)》ノモト《(本)》から「日本」が成立したという荒木田久老《あらきだひさおゆ》の説で、この論争に加わった喜田貞吉《きたさだきち》が枕詞説に賛成している。喜田は、わが国は地理上支那などの国より東方にあるゆえ、早くよりヒノモトなる思想があり、枕辞（詞）としての「日の本のヤマト」などという事もあったが、『日本紀』（『日本書紀』）を撰するとき（七二〇年）、その枕辞（詞）の文字を取りて「日本」の二字をヤマトなる国名にあてたものであるとする（喜田・一九〇〇）。日本号七二〇年成立説である（これは川《かわ》住鋥三郎《ずみとうざぶろう》説に従ったものである）。

ただ、この枕詞説に対して、星野はヒノモトは国号であって、「ハルヒ」「トブトリ」から「春日《かすが》」「飛鳥《あすか》」が生まれたとみる地名起源の枕詞とは性格の違うものだとしている。

この星野の「ヒノモト」説は、これより早く明治九（一八七六）年に『大言海』で有名な大槻文彦《おおつきふみひこ》によって、日本の字の原《みなもと》は「ヒノモトノクニ」という邦語を支那字なる「日本国」の三字に訳したものだと、ごく簡単にふれられていた（大槻・一八七六）。このあと、川住鋥三郎が星野説に賛成し（川住・一八九九）、昭和に入って橋本増吉《はしもとますきち》（橋本・一九三〇）や岩井大慧《いわいひろさと》（岩井・一九四〇）なども「ヒノモト」説に賛成されている。そこでは、ヒノモトと推古朝の「日出処天子」「東天皇」などとの関連性が考えられているが、とくに橋本は、「ヒノモト」は「日出処」のヒイヅルトコロを約して生まれたもので、それは推古朝から始まったものであって、推古朝をさかのぼる古い呼称ではないとしているのは注意される。橋本説は、日出処→ヒノモト→日本への道筋をはっきり提示した。ただ、日出処からヒノモトが出てくるとする見方は、説得的なものといえるかどうか。

また、昭和に入ってからであるが、東京帝国大学の国史学教授として権威のあった黒板《くろいた》勝美《かつみ》も、星野の「ヒノモト」説に賛成された。黒板は、日本は日《ひ》ノモト（日出処）という概念から起ったものであるが、これはわが国そのものにあっては起し得られぬもので、おそらく韓土におけるわが国の人々によって言い始められた名辞とするのが妥当であるとして、日本号韓国起源説をも引き受けた発言をしている（黒板・一九三二）。

ヒノモトから日本という国号が起ったとする説は、「吾輩は国体上国号は本国にて撰定せしを至当と考えるにより、邦人撰定を主張せし」（星野・一八九九）ものとする星野の言い方にもみられるように、その主体性を重んずるゆえに戦前の国体観に合致するものであった。このヒノモトとは、星野によれば「日出処」を約したものであるというように方位の意味を含んでいる。それゆえ、黒板はヒノモトはわが国の内にあっては呼称できないものので、韓土の方からの呼称であるとしたのである。それは、ヒノモトを外国（韓土・中国など）起源とみる考えにもなるから、その点でわが国の主体性をもっとはっきりさせる主張（必要性）も出てくる。そこで、ヤマト朝廷（皇室）の太陽神崇拝を持ち出し、「ヒノモト」を「太陽が照る下の国」という心持ちから起った呼び方とみる「ヒノモト」説も出てきて、ヒノモト（日の本）とは「御日様《おひさま》の御膝下《おひざもと》の国」という心持ちから生まれたとみる中島悦次の見解も登場してくる（中島・一九二六）。

日本号韓国起源説

日本号の起源を朝鮮半島に求める見解が、まず国学者から出ているのは興味深い。

江戸後期（天保年間）の国学者で、宣長没後の門人であった伴信友《ばんのぶとも》は、わが国（大《おお》皇国《すめらみくに》）を「神国」「日本」と称えたのは、もと韓国人の称号《たたえな》なりとして、「大皇国はその（韓国のこと―筆者注）東なる神国なれば、日出る方の本ツ国といふ意《こころ》ばえにて既《はや》くより日本《ほん》と称へ申したりしなり」と述べている。これは、新羅王《しらぎおう》が「吾聞く、東に神国有り、日本と謂《い》う……」（『日本書紀』神功皇后即位前紀）と申して神功皇后《じんぐう》に服属したという三韓征討物語の記事が根拠となっている。なお、信友はなぜ皇国を「神国」といったのかというと、韓国は皇国よりたいそう早く「人の世」となっていたので、皇国を畏《かしこ》み憚《はばか》って称したのだと述べている（伴・一九〇七）。これを現代の進歩史観の立場からみると、韓国の方がわが国より早くから文明国になっていたということになる。

明治になって国学者（国文学）の木村正辞は伴信友の説を承《う》けて、「日本はその初め三韓人のいい出した号ならん」として、崇神《すじん》天皇の御代《みよ》に任那《みまな》国が初めて入貢したことをもって、日本号の起源をこの時代に求めた（木村・一八九〇）。

この韓国起源説は、国学者にかぎらず、日本経済史研究の開拓者であった内田銀蔵《うちだぎんぞう》も詳細に展開している。内田は、日本という文字はヤマトという国名を漢字にて写すにあたり、倭・耶摩等の文字とともに自然に用いられるに至ったもので、文筆の事にあたる帰化人ならびに在韓日本府に関係ある人々により使用され始めたとした。それは「『ヤマト』の国が日出る方にある国、即ち『ヒノモトノクニ』なるを以て、其の考を漢字に直訳し、日本の字を用ひ、之《これ》を以《もっ》て『ヤマト』を意味せしめ、又『ヤマト』と自ら読み他人にもしか読ましめ」たもので、もとよりあった「ヤマト」という国号のほかに、別に「日本」という国号があったものでないという。内田にあっては、「ヤマト」が国号の基本で、「日本」はその表記の一つであったということである。また、内田は韓国起源説の確かな史料的根拠として、『書紀』の継体《けいたい》・欽明《きんめい》天皇の代の「日本」「日本府」などの表記、とくに『書紀』引用の『百済本記《くだらほんぎ》』のそうした表記を取り上げた。これらは『書紀』編者がほしいままに作りたる（改めたる）ものでなく、同時代記録の原文をそのまま採録したもので、当時の日朝間の慣用の文書などに使用されたものであるとした（内田・一九〇〇）。この内田の見解、とくに『百済本記』の見方は、昭和に入って黒板勝美も卓見であると評価され、日本号の起源が朝鮮にあったことを推定する有力な史料であると指摘している（黒板・一九三一）。

こうした韓国起源説は、外国で称えたものをわが国で使用するという意味で国体にふれる危険な言説になりはしないかと思われるが、戦前の一連の論稿をみると、日本号を三韓人や帰化人が敬愛して、あるいは美称として呼称（使用）したとするものであって、そこに戦前の自国本位の『書紀』解釈の仕方がみえる。戦前の韓国起源説は戦後の古代史学の成果からみると、『書紀』の日朝関係史の史料批判が甘く、先にみた神功皇后紀の三韓征討物語がそのまま史実を示すものとして認識されており、したがって、「日本」「神国」の表記もそのままその時代の呼称とみられている。ただ、実証主義（史料批判）を重んずる星野は、木村との論争の中で、日朝関係史に出てくる「日本」という表記は、みな『日本紀』（『日本書紀』）撰者の追記に係わるものだとして、日本は三韓人の言い出したる称だとするのは証拠のないことだと断言している。

この点に関しては戦前に橋本増吉が、「ヒノモト」説の立場から韓国起源説（とくに内田説）を徹底的に批判した。東洋史学者であった橋本は、戦前においても質の高い論文を発表している。橋本論文で注目したいのは、わが国を「海東の国」「日出処国」とみなす考えが韓人の脳裡に起り易いとする日本号韓国起源説論者の見方は少しも理由があってのことでなく、錯誤・誤解にすぎないとする点である。

橋本は『魏志《ぎし》』韓伝などを引いて、韓人は古来みずからを東方の国と考え、倭をもってその南方、もしくは東南にありと考えており、「日本を以て東方の国となす考へは、元来日本人が自国を以て支那に対する場合のことであり、韓国に対する考へではなかったのであるから、韓国の方から見ても我が国を以て日出処の国となす考へが、韓人の脳裡に起るべき訳は断じてあり得ないはずであり、殊に百済或《あるい》は任那加羅諸国の位置より見る時は、更に一層この感を深からしむるものが存するのである」と述べている。さらに、内田説の『百済本記』の「日本」表記については、これは『書紀』編者がほしいままに改刪《かいさん》したものではないし、また、当時（継体・欽明朝）の表記でもなく、この『百済本記』は百済滅亡後（六六〇年）、わが国に来往した百済人の手になったもので、その当時すでにわが国の国内では推古朝以後「日本」の文字が「ヒノモト」なる意味において美称として使用されていた（その「日本」号が公式に制定されたのは大化改新のときである）といわれている（橋本・一九三〇）。『百済本記』の「日本」表記は、現在でも日本号韓国起源説にとって最大の史料的論点となっている。

以上みてきたように、戦前における日本号の研究史は、「ヒノモト」説と韓国起源説の二つの流れがあって、国体と折り合いをつけながら展開してきた。もちろん、『記紀』の史料解釈に問題はあったものの、その発想は意外と自由でかつ豊かなものをもっており、その論点も史料の検討もみるべきものは多く、われわれが先人の研究から学ぶべきものは大変大きい。

まとめと課題

本書は、倭—日本という対外的国号以前の、わが国固有のヤマトという国号にも言及した。そのため、古代国家形成史という流れの中で国号問題を論ずることになった。国号を〝日本〟という国号だけに特化・収斂《しゅうれん》したくなかったのである。それは、日本古代国家の成立＝律令国家＝日本天皇という図式ですべてをそこに収斂していくという、古代史学界の一部で常識化している手法を変えたいということもあった。形成史—過程を重んずるという気持があって、ヤマト、倭・倭国の称号にもページを割いたのである。また、日本国号の制定（採用）以前の前史ともいうべき点にも力を入れたが、この点は中国の古典籍に精通しているわけではないので荷は重かった。ともかく、「日本」という称号は造語ではなく、中国―朝鮮―日本という東アジア世界の中で生成され、採用・使用されたものであった。

本書を書くうえでの姿勢は、なるべく自然体でものごとを考えるようにした。したがって、世間一般の常識を大切にしながら研究史を再検討した。また、戦後の古代史学界では常識となっている『書紀』の造作・作為説は、戦前への反動もあって史料批判という美名のもとで多用されている感もある。そこに造作・作為説の恣意性《しいせい》を感じてしまうことも多い。「『日本書紀』は史学に益なし」という結論は避けたいものである。

なお、本書では美称・異称としての国号、例えば「大八洲《おおやしま》」「豊葦原瑞穂国《とよあしはらみづほのくに》」「秋津島《あきつしま》」などについての検討も考えていたが、その余裕はなかった。神話的・伝統的なこれらの美称・異称は、公的な国号にはない生き生きとした称号として、われわれの国の形を再認識させてくれるかもしれない。今後の課題としておきたい。

あとがき

もう十年ほど前になるが、網野善彦氏が『日本の歴史第00巻、「日本」とは何か』（講談社、二〇〇〇年）の中で、江戸後期の国家神道家で会津の人、佐藤忠満が日本号は唐人側から呼称したもので、そこに唐への従属性が現われており、この日本号にたいへん嫌気が差しているとする話などを紹介して、千三百年続いたこの「日本」の徹底的総括を呼びかけた。近年、内田樹《たつる》氏の『日本辺境論』（新潮新書、二〇〇九年）の中でも、この佐藤忠満のいう「日本」号の国辱的呼称という例をあげながら、日の丸・君が代（一九九九年、国旗・国歌法として制定）とともに「日本」という国号も議論を尽して国民的合意を形成することが必要ではないかと述べている。

国号問題に限らず、かつて国民的な議論を巻き起こした問題に紀元節復活（一九六六年、建国記念の日として復活）、元号法制定（一九七九年、一世一元の制として法制化）があった。

これらもわが国の建国史（建国物語）や紀年法としての年号（元号）に関わる歴史学上の問題であり、現在においても国民的議論や一定の国民的合意の形成が必要な問題であろう。国号、国旗、国歌、そして年号、建国記念の日といった〈国〉の〈かたち〉に関わるものは、常に歴史的に回顧し、議論し、国民が一定程度の共通の知識をもっておくことは必要であろう。そうしたことは、多少の混乱があっても決してマイナスではなく、国（国民）に活力を与えてくれるものと思う。

本書は、ヤマト—倭—日本の国号の歴史を典拠する史料を軸に、研究史をふまえて書きおろしたものである。歴史家の癖でどうしても史料という枠に縛られすぎている側面があるかもしれない。その点で読者の方に煩わしさが残るものになったのであれば、ご容赦願いたい。また、執筆にあたっては、私なりの学問的関心から始まっているので、右にみたような国民的議論というような認識があって書いたものではないが、そうした議論の一助になれば幸いである。

本書を成すにあたっては、大東文化大学の小林春樹氏（東洋研究所）・岡田宏二氏（国際文化学科）・渡邊義浩氏（中国学科）のご教示を受けた。この場をかりて厚くお礼申し上げたい。最後に、国号の歴史というたいへん大事な課題を究明する機会を与えていただいた吉川弘文館編集部の大岩由明氏、丁寧なお仕事で、私の原稿を一つの形ある作品として仕上げていただいた伊藤俊之氏に厚く感謝申し上げたい。

二〇一〇年六月十二日

小林敏男

参考文献

国号論の提起と現在―プロローグ

網野善彦『「日本」とは何か』(『日本の歴史』00)、講談社、二〇〇〇年
網野善彦「天皇と日本の国号」(『日本の歴史をよみなおす』全(ちくま学芸文庫)、筑摩書房、二〇〇五年
江上波夫『日本民族の起源』平凡社、一九五八年
江上波夫『騎馬民族国家』(『中公新書』一四七)、中央公論社、一九六七年
神野志隆光『「日本」とは何か』(『講談社現代新書』一七七六)、講談社、二〇〇五年
谷川健一『白鳥伝説』集英社、一九八六年
古田武彦『失われた九州王朝』朝日新聞社、一九七三年

国号「ヤマト」と古代国家形成事情

池橋　宏『稲作渡来民』(『講談社選書メチエ』四一一)、講談社、二〇〇八年
大和岩雄『改訂版「日本」国はいつできたか』大和書房、一九九六年
葛　剣　雄(大川裕子訳)「世界史の中の中国」尾形勇編『中国の歴史』一二、講談社、二〇〇五年
加藤周一『雑種文化』(『講談社文庫』)、講談社、一九七四年

川本芳昭「四・五世紀の中国と朝鮮・日本」田村晃・鈴木靖民編『新版古代の日本』二、角川書店、一九九二年
木田章義「古代日本語の再構成」岸俊男編『日本の古代』一四、中央公論社、一九八八年
木下礼仁「五世紀前後の倭国関係記事」森浩一編『倭人伝を読む』(『中公新書』六六五)、中央公論社、一九八二年
黒板伸夫・森田悌編『日本後紀』(『訳註日本史料』)、集英社、二〇〇三年
小林敏男『日本古代国家形成史考』校倉書房、二〇〇六年
小林敏男「邪馬台国と女王国」「続・邪馬台国と女王国」『日本古代国家の形成』吉川弘文館、二〇〇七年
佐伯有清編訳『三国史記倭人伝他六篇』(『岩波文庫』)、岩波書店、一九八八年
杉本寛司「倭人伝の源流を探る」森浩一編『倭人伝を読む』(『中公新書』六六五)、中央公論社、一九八二年
直木孝次郎「やまとの範囲について」『飛鳥奈良時代の研究』塙書房、一九七五年
中田　薫「古代日韓航路」(非売品)、一九五八年
橋本増吉『東洋史上より見たる日本上古史研究』東洋文庫、一九五六年
藤井游惟『白村江敗戦と上代特殊仮名遣い』東京図書出版会、二〇〇七年
本位田菊士「隋唐交渉と日本国号の成立」『史観』一二〇冊、一九八九年
増村　宏『遣唐使の研究』同朋舎出版、一九八八年

益田勝実『火山列島の思想』筑摩書房、一九六八年
松本克己『古代日本語母音論』ひつじ書房、一九九五年
三品彰英「神功皇后紀　加羅七国・任那十国・浦上八国」『日本書紀朝鮮関係記事考證』上、吉川弘文館、一九六二年
吉田　孝『日本の誕生』（『岩波新書』五一〇）、岩波書店、一九九七年
和田　萃「大和の範囲」『桜井市史』上巻、一九七九年

「日本」国号の成立とその事情

井乃香樹『日本国号論』建設社、一九四三年
岩橋小弥太『日本の国号』吉川弘文館、一九七〇年
江口孝夫全訳注『懐風藻』（『講談社学術文庫』一四五二）、講談社、二〇〇〇年
王　勇「中国史の中の日本」尾形勇編『中国の歴史』一二、講談社、二〇〇五年
太田晶二郎「上代に於ける日本書紀講究」一九三九年初出。のち『太田晶二郎著作集』三、吉川弘文館、一九九二年に所収
末松保和「唐暦と唐録」『日本上代史管見』一九六三年自家版。のち『末松保和著作集』四、吉川弘文館、一九九六年に所収
専修大学・西北大学共同プロジェクト編『遣唐使の見た中国と日本』（『朝日選書』七八〇）、朝日新聞社、二〇〇五年

田中健夫編『善隣国宝記・新訂続善隣国宝記』(『訳注日本史料』)、集英社、一九九五年
高橋継男「最古の『日本』」専修大学・西北大学共同プロジェクト編『遣唐使の見た中国と日本』(『朝日選書』七八〇)、朝日新聞社、二〇〇五年
東野治之『遣唐使』(『岩波新書』一一〇四)、岩波書店、二〇〇七年
松原　朗「唐詩の中の日本」専修大学・西北大学共同プロジェクト編『遣唐使の見た中国と日本』(『朝日選書』七八〇)、朝日新聞社、二〇〇五年
森　公章「遣唐使の時期区分と大宝度の遣唐使」『遣唐使と古代日本の対外政策』吉川弘文館、二〇〇八年
葉　国良(丸井寛訳)「二重証拠法から見た『日本』国号の中国における出現」専修大学社会知性開発センター『東アジア世界史センター年報』二号、二〇〇九年

日本国号の制定

青木和夫他校注『続日本紀』一(『新日本古典文学大系』一二)、岩波書店、一九八九年
阿部武彦「日祀部考」『日本古代の氏族と祭祀』吉川弘文館、一九八四年
石母田正「天皇と諸蕃」『日本古代国家論』第一部、岩波書店、一九七三年
池内　宏「百済滅亡後の動乱及び唐・羅・日三国の関係」『満鮮史研究』上世第二冊、吉川弘文館、一九六〇年
石原道博編訳『新訂旧唐書倭国日本伝他二篇』(『岩波文庫』)、岩波書店、一九五六年

岡田英弘『歴史とはなにか』(『文春新書』一五五)、文芸春秋、二〇〇一年
金子修一「唐代国際関係における日本の位置」『隋唐の国際秩序と東アジア』名著刊行会、二〇〇一年
小林敏男「王・大王号と天皇号・スメラミコト考」『古代天皇制の基礎的研究』校倉書房、一九九四年
小林敏男「『神』観念と祖霊・祖先神」『古代天皇制の基礎的研究』校倉書房、一九九四年
新蔵正道「日本国号成立の外交的契機と使用開始期」横田健一編『日本書紀研究』二五冊、塙書房、二〇〇三年
鈴木靖民「奈良初期の対新羅関係」『古代対外関係史の研究』吉川弘文館、一九八五年
高森明勅『謎とき「日本」誕生』(『ちくま新書』)、筑摩書房、二〇〇二年
田村圓澄『伊勢神宮の成立』吉川弘文館、一九九六年
田村圓澄「『天照大神』と天武天皇」『古代東アジアの国家と仏教』吉川弘文館、二〇〇二年
沈仁安(藤田友治・藤田美代子訳)『中国からみた日本の古代』ミネルヴァ書房、二〇〇三年
東野治之「日出処・日本・ワークワーク」『遣唐使と正倉院』岩波書店、一九九二年
東野治之『遣唐使船』(『朝日選書』六三四)、朝日新聞社、一九九九年
仁井田陞「東アジア諸国の固有法と継受法」『補訂中国法制史研究』東京大学出版会、一九六四年
西嶋定生「東アジア世界と冊封体制」『岩波講座日本歴史』二、岩波書店、一九六二年
西嶋定生『邪馬台国と倭国』吉川弘文館、一九九四年
西嶋定生「冊封体制と東アジア世界」『西嶋定生東アジア史論集』三、岩波書店、二〇〇二年
濱田耕策「中代・下代の内政と対日外交」『新羅国史の研究』吉川弘文館、二〇〇二年

堀　敏一『中国と古代東アジア世界』岩波書店、一九九三年
堀　敏一『律令制と東アジア世界』汲古書院、一九九四年
本居宣長「国号考」大野晋・大久保正編集・校訂『本居宣長全集』八、筑摩書房、一九七二年
本居宣長「古事記伝」三、大野晋・大久保正編集・校訂『本居宣長全集』一一、筑摩書房、一九六九年
日本国号の由来

足利健亮『景観から歴史を読む』（『NHKライブラリー』九一）、日本放送出版協会、一九九八年
井上秀雄「任那日本府の行政組織」三品彰英編『日本書紀研究』二冊、塙書房、一九六六年。のち『任那日本府と倭』東出版、一九七三年に所収
井上秀雄「百済三書の史料的価値」上田正昭他編『ゼミナール日本古代史』下、光文社、一九八〇年
飯島忠夫『日本上古史論』中文館書店、一九四七年
上田正昭「大王の世紀」『上田正昭著作集』二、角川書店、一九九八年
大庭　修「旧唐書における倭国と日本」『古代中世における日中関係史の研究』同朋舎出版、一九九六年
笠井倭人「日本文献にみえる初期百済史料」『古代の日朝関係と日本書紀』吉川弘文館、二〇〇〇年
神田秀夫「記事分析による書紀の配年以前の原形の推定」『古事記年報』一九八〇年
北村文治「伊吉連博徳書考」『大化改新の基礎的研究』吉川弘文館、一九九〇年
木下礼仁「日本書紀にみえる『百済史料』の史料的価値について」『日本書紀と古代朝鮮』塙書房、一九九三年

栗原朋信「「貴国」について」『上代日本対外関係の研究』吉川弘文館、一九七八年
久信田喜一「百済本記考」『日本歴史』三〇九、一九七四年
小島憲之・直木孝次郎他校注・訳『日本書紀』三（『新編日本古典文学全集』四）、小学館、一九九八年
坂本太郎「継体紀の史料批判」『日本古代史の基礎的研究』上、東京大学出版会、一九六四年
坂本太郎「日本書紀と伊吉連博徳」『坂本太郎著作集』二、吉川弘文館、一九八八年
志水正司「日本書紀考証二題」『日本古代史の検証』東京堂出版、一九九四年
鈴木靖民「百済救援の役後の日唐交渉」坂本太郎博士古稀記念会編『続日本古代史論集』上、吉川弘文館、一九七二年
堀　敏一『東アジアのなかの古代日本』研文出版、一九九八年
水野　祐「日本最古の記録、伊吉連博徳書」『日本歴史古記録総覧』古代・中世編（学校図書館用）、新人物往来社、一九九〇年
三品彰英「神功皇后紀　百済記・百済新撰・百済本記」『日本書紀朝鮮関係記事考證』上、吉川弘文館、一九六二年
村尾次郎『奈良時代の文化』至文堂、一九六二年
山尾幸久「『日本書紀』任那関係記事の検討」『古代の日朝関係』塙書房、一九八九年
李　成市「高句麗と日隋外交」『思想』七九五、一九九〇年

戦前の研究史をふりかえる—エピローグ

岩井大慧「日本国号の再検討」『歴史教育』一五―三、一九四〇年
内田銀蔵「日本号の起源」『史学雑誌』一一―一・二、一九〇〇年
大槻文彦「日本『ジャパン』正訛ノ弁」『洋々社談』一九、一八七六年。のち鈴木広光校注『復軒雑纂』一（『東洋文庫』）、平凡社、二〇〇二年に所収
川住鋥三郎「日本国号ノ管見」『史学雑誌』一〇―一二、一八九九年
喜田貞吉「日本号に関する諸家の説に賛成す」『史学雑誌』一一―二、一九〇〇年
木村正辞「日本国号考」『東洋学会雑誌』九、一八九〇年
木村正辞「星野恒氏の日本国号考に就て」『史学雑誌』一〇―七、一八九九年
木村正辞「駁星野氏の日本国号考の補考」『史学雑誌』一一―一、一九〇〇年
黒板勝美「国号と民族」『国史の研究』総説、岩波書店、一九三一年
中島悦次「日本といふ国名の原始的意味」『歴史地理』四七―四、一九二六年
橋本増吉「『日本』の国号に就いて」『歴史教育』五―一一・一三、一九三〇年
伴　信友「中外経緯伝草稿」『伴信友全集』三、国書刊行会、一九〇七年
星野　恒「日本国号考」『史学雑誌』三―二〇・二一、一八九二年
星野　恒「日本国号考の補考」『史学雑誌』一〇―一一、一八九九年

※　作成にあたっては、章ごとに編著者の五十音順にまとめたが、重複するものは除いた。
※　本書をなすにあたっては、とくに神野志隆光『「日本」とは何か』、大和岩雄『改訂版「日本」国はいつで

きたか』、増村宏『遣唐使の研究』がたいへん刺激になり参考になった。

※　書名・論文名のサブタイトルは省略した。

著者紹介
一九四四年、長野県に生まれる
一九七八年、東京教育大学大学院文学研究科博士課程単位取得退学
現在、大東文化大学教授、博士（歴史学）

主要著書
古代女帝の時代　古代王権と県・県主制の研究　古代天皇制の基礎的研究　日本古代国家形成史考　日本古代国家の形成

歴史文化ライブラリー
303

日本国号の歴史

二〇一〇年（平成二十二）九月一日　第一刷発行

著者　小《こ》林《ばやし》敏《とし》男《お》
発行者　前田求恭
発行所　株式会社 吉川弘文館
東京都文京区本郷七丁目二番八号
郵便番号一一三―〇〇三三
電話〇三―三八一三―九一五一〈代表〉
振替口座〇〇一〇〇―五―二四四
http://www.yoshikawa-k.co.jp/
印刷＝株式会社 平文社
製本＝ナショナル製本協同組合
装幀＝清水良洋・黒瀬章夫

© Toshio Kobayashi 2010. Printed in Japan
ISBN978-4-642-05703-5

Ⓡ〈日本複写権センター委託出版物〉
本書の無断複写（コピー）は，著作権法上での例外を除き，禁じられています．
複写する場合には，日本複写権センター（03-3401-2382）の許諾を受けて下さい．

歴史文化ライブラリー

1996.10

刊行のことば

現今の日本および国際社会は、さまざまな面で大変動の時代を迎えておりますが、近づきつつある二十一世紀は人類史の到達点として、物質的な繁栄のみならず文化や自然・社会環境を謳歌できる平和な社会でなければなりません。しかしながら高度成長・技術革新にともなう急激な変貌は「自己本位な刹那主義」の風潮を生みだし、先人が築いてきた歴史や文化に学ぶ余裕もなく、いまだ明るい人類の将来が展望できていないようにも見えます。

このような状況を踏まえ、よりよい二十一世紀社会を築くために、人類誕生から現在に至る「人類の遺産・教訓」としてのあらゆる分野の歴史と文化を「歴史文化ライブラリー」として刊行することといたしました。

小社は、安政四年（一八五七）の創業以来、一貫して歴史学を中心とした専門出版社として書籍を刊行しつづけてまいりました。その経験を生かし、学問成果にもとづいた本叢書を刊行し社会的要請に応えて行きたいと考えております。

現代は、マスメディアが発達した高度情報化社会といわれますが、私どもはあくまでも活字を主体とした出版こそ、ものの本質を考える基礎と信じ、本叢書をとおして社会に訴えてまいりたいと思います。これから生まれでる一冊一冊が、それぞれの読者を知的冒険の旅へと誘い、希望に満ちた人類の未来を構築する糧となれば幸いです。

吉川弘文館

歴史文化ライブラリー

古代史

邪馬台国 魏使が歩いた道――丸山雍成
邪馬台国の滅亡 大和王権の征服戦争――若井敏明
日本語の誕生 古代の文字と表記――沖森卓也
日本国号の歴史――小林敏男
古事記の歴史意識――矢嶋 泉
古事記のひみつ 歴史書の成立――三浦佑之
〈聖徳太子〉の誕生――大山誠一
聖徳太子と飛鳥仏教――曾根正人
倭国と渡来人 交錯する「内」と「外」――田中史生
大和の豪族と渡来人 葛城・蘇我氏と大伴・物部氏――加藤謙吉
飛鳥の朝廷と王統譜――篠川 賢
飛鳥の宮と藤原京 よみがえる古代王宮――林部 均
飛鳥の文明開化――大橋一章
古代出雲――前田晴人
エミシ・エゾからアイヌへ――児島恭子
古代の蝦夷《えみし》と城柵《じょうさく》――熊谷公男
悲運の遣唐僧 円載の数奇な生涯――佐伯有清
遣唐使の見た中国――古瀬奈津子
白村江の真実 新羅王・金春秋の策略――中村修也
古代の皇位継承 天武系皇統は実在したか――遠山美都男
持統女帝と皇位継承――倉本一宏
壬申の乱を読み解く――早川万年
骨が語る古代の家族 親族と社会――田中良之
家族の古代史 恋愛・結婚・子育て――梅村恵子
万葉集と古代史――直木孝次郎
平城京に暮らす 天平びとの泣き笑い――馬場 基
古代の都と神々 怪異を吸いとる神社――榎村寛之
平安朝 女性のライフサイクル――服藤早苗
平安京のニオイ――安田政彦
天台仏教と平安朝文人――後藤昭雄
藤原摂関家の誕生 平安時代史の扉――米田雄介
安倍晴明 陰陽師たちの平安時代――繁田信一
源氏物語の風景 王朝時代の都の暮らし――朧谷 寿
古代の神社と祭り――三宅和朗

中世史

鎌倉源氏三代記 一門・重臣と源家将軍――永井 晋
吾妻鏡の謎――奥富敬之

歴史文化ライブラリー

歴史文化ライブラリー

よみがえる安土城 ―― 木戸雅寿
検証 本能寺の変 ―― 谷口克広
加藤清正 朝鮮侵略の実像 ―― 北島万次
北政所と淀殿 豊臣家を守ろうとした妻たち ―― 小和田哲男
ザビエルの同伴者 アンジロー 戦国時代の国際人 ―― 岸野 久
海賊たちの中世 ―― 金谷匡人
中世 瀬戸内海の旅人たち ―― 山内 譲

近世史

神君家康の誕生 東照宮と権現様 ―― 曽根原 理
上野寛永寺 将軍家の葬儀 ―― 浦井正明
江戸御留守居役 近世の外交官 ―― 笠谷和比古
検証 島原天草一揆 ―― 大橋幸泰
隠居大名の江戸暮らし 年中行事と食生活 ―― 江後迪子
大名行列を解剖する 江戸の人材派遣 ―― 根岸茂夫
赤穂浪士の実像 ―― 谷口眞子
江戸の町奉行 ―― 南 和男
大江戸八百八町と町名主 ―― 片倉比佐子
江戸の武家名鑑 武鑑と出版競争 ―― 藤實久美子
江戸時代の身分願望 身上りと上下無し ―― 深谷克己
次男坊たちの江戸時代 公家社会の〈厄介者〉 ―― 松田敬之
江戸時代の孝行者 「孝義録」の世界 ―― 菅野則子
近世の百姓世界 ―― 白川部達夫
百姓一揆とその作法 ―― 保坂 智
宿場の日本史 街道に生きる ―― 宇佐美ミサ子
江戸の捨て子たち その肖像 ―― 沢山美果子
京のオランダ人 阿蘭陀宿海老屋の実態 ―― 片桐一男
それでも江戸は鎖国だったのか オランダ宿日本橋長崎屋 ―― 片桐一男
江戸の文人サロン 知識人と芸術家たち ―― 揖斐 高
葛飾北斎 ―― 永田生慈
北斎の謎を解く 生活・芸術・信仰 ―― 諏訪春雄
江戸の職人 都市民衆史への志向 ―― 乾 宏巳
江戸と上方 人・モノ・カネ・情報 ―― 林 玲子
江戸店《だな》の明け暮れ ―― 林 玲子
エトロフ島 つくられた国境 ―― 菊池勇夫
災害都市江戸と地下室 ―― 小沢詠美子
浅間山大噴火 ―― 渡辺尚志
アスファルトの下の江戸 住まいと暮らし ―― 寺島孝一
江戸八百八町に骨が舞う 人骨から解く病気と社会 ―― 谷畑美帆

歴史文化ライブラリー

道具と暮らしの江戸時代——小泉和子
江戸幕府の日本地図 国絵図・城絵図・日本図——川村博忠
江戸城が消えていく 『江戸名所図会』の到達点——千葉正樹
都市図の系譜と江戸——小澤 弘
江戸の地図屋さん 販売競争の舞台裏——俵 元昭
近世の仏教 華ひらく思想と文化——末木文美士
葬式と檀家——圭室文雄
幕末民衆文化異聞 真宗門徒の四季——奈倉哲三
江戸の風刺画——南 和男
幕末維新の風刺画——南 和男
ある文人代官の幕末日記 林鶴梁の日常——保田晴男
黒船来航と音楽——笠原 潔
江戸の海外情報ネットワーク——岩下哲典
黒船がやってきた 幕末の情報ネットワーク——岩田みゆき
幕末日本と対外戦争の危機 下関戦争の舞台裏——保谷 徹

近・現代史

幕末明治 横浜写真館物語——斎藤多喜夫
横井小楠 その思想と行動——三上一夫
旧幕臣の明治維新 沼津兵学校とその群像——樋口雄彦
水戸学と明治維新——吉田俊純
大久保利通と明治維新——佐々木 克
文明開化 失われた風俗——百瀬 響
西南戦争 戦争の大義と動員される民衆——猪飼隆明
明治外交官物語 鹿鳴館の時代——犬塚孝明
自由民権運動の系譜 近代日本の言論の力——稲田雅洋
福沢諭吉と福住正兄《ふくずみまさえ》 世界と地域の視座——金原左門
日赤の創始者 佐野常民《つねたみ》——吉川龍子
文明開化と差別——今西 一
天皇陵の近代史——外池 昇
明治の皇室建築 国家が求めた〈和風〉像——小沢朝江
明治神宮の出現——山口輝臣
宮武外骨《みやたけがいこつ》 民権へのこだわり——吉野孝雄
森 鷗外 もう一つの実像——白崎昭一郎
博覧会と明治の日本——國 雄行
公園の誕生——小野良平
軍備拡張の近代史 日本軍の膨張と崩壊——山田 朗
啄木短歌に時代を読む——近藤典彦
東京都の誕生——藤野 敦

歴史文化ライブラリー

歴史文化ライブラリー

丸山真男の思想史学————板垣哲夫
文化財報道と新聞記者————中村俊介

文化史・誌

楽園の図像 海獣葡萄鏡の誕生————石渡美江
毘沙門天像の誕生 シルクロードの東西文化交流————田辺勝美
古代壁画の世界 高松塚・キトラ・法隆寺金堂————百橋明穂
世界文化遺産 法隆寺————高田良信
正倉院と日本文化————米田雄介
語りかける文化遺産 ピラミッドから安土城・桂離宮まで————神部四郎次
密教の思想————立川武蔵
霊場の思想————佐藤弘夫
跋扈《ばっこ》する怨霊 祟りと鎮魂の日本史————山田雄司
鎌倉 古寺を歩く 宗教都市の風景————松尾剛次
鎌倉大仏の謎————塩澤寛樹
日本禅宗の伝説と歴史————中尾良信
水墨画にあそぶ 禅僧たちの風雅————高橋範子
日本人の他界観————久野 昭
観音浄土に船出した人びと 熊野と補陀落渡海————根井 浄
浦島太郎の日本史————三舟隆之
宗教社会史の構想 真宗門徒の信仰と生活————有元正雄
読経の世界 能読の誕生————清水眞澄
戒名のはなし————藤井正雄
仏画の見かた 描かれた仏たち————中野照男
茶の湯の文化史 近世の茶人たち————谷端昭夫
海を渡った陶磁器————大橋康二
時代劇と風俗考証 やさしい有職故実入門————二木謙一
歌舞伎の源流————諏訪春雄
歌舞伎と人形浄瑠璃————田口章子
落語の博物誌 江戸の文化を読む————岩崎均史
大江戸飼い鳥草紙 江戸のペットブーム————細川博昭
古建築修復に生きる 屋根職人の世界————原田多加司
風水と家相の歴史————宮内貴久
大工道具の日本史————渡邉 晶
苗字と名前の歴史————坂田 聡
読みにくい名前はなぜ増えたか————佐藤 稔
数え方の日本史————三保忠夫
武道の誕生————井上 俊
日本料理の歴史————熊倉功夫

歴史文化ライブラリー

日本の味 醤油の歴史——林 玲子・天野雅敏 編
アイヌ文化誌ノート——佐々木利和
宮本武蔵の読まれ方——櫻井良樹
流行歌の誕生 「カチューシャの唄」とその時代——永嶺重敏
日本語はだれのものか——川口 良・角田史幸
「国語」という呪縛 国語から日本語へ、そして○○語へ——川口 良・角田史幸
昭和を騒がせた漢字たち 当用漢字の事件簿——円満字二郎
柳宗悦と民藝の現在——松井 健
遊牧という文化 移動の生活戦略——松井 健
薬と日本人——山崎幹夫
マザーグースと日本人——鷲津名都江
バイオロジー事始 異文化と出会った明治人たち——鈴木善次
ヒトとミミズの生活誌——中村方子
書物に魅せられた英国人 フランク・ホーレーと日本文化——横山 學
夏が来なかった時代 歴史を動かした気候変動——桜井邦朋
天才たちの宇宙像——桜井邦朋

民俗学・人類学

日本人の誕生 人類はるかなる旅——埴原和郎
歴史と民俗のあいだ 海と都市の視点から——宮田 登
神々の原像 祭祀の小宇宙——新谷尚紀
女人禁制——鈴木正崇
役行者《えんのぎょうじゃ》と修験道の歴史——宮家 準
民俗都市の人びと——倉石忠彦
鬼の復権——萩原秀三郎
海の生活誌 半島と島の暮らし——山口 徹
山の民俗誌——湯川洋司
雑穀を旅する——増田昭子
自然を生きる技術 暮らしの民俗自然誌——篠原 徹
川は誰のものか 人と環境の民俗学——菅 豊
番と衆 日本社会の東と西——福田アジオ
記憶すること・記録すること 聞き書き論ノート——香月洋一郎
番茶と日本人——中村羊一郎
踊りの宇宙 日本の民族芸能——三隅治雄
日本の祭りを読み解く——真野俊和
江戸東京歳時記——長沢利明
柳田国男 その生涯と思想——川田 稔
婚姻の民俗 東アジアの視点から——江守五夫
アニミズムの世界——村武精一

歴史文化ライブラリー

海のモンゴロイド ポリネシア人の祖先をもとめて――片山一道

世界史

秦の始皇帝 伝説と史実のはざま――鶴間和幸
渤海《ぼっかい》国興亡史――濱田耕策
黄金の島 ジパング伝説――宮崎正勝
琉球と中国 忘れられた冊封使――原田禹雄
アジアのなかの琉球王国――高良倉吉
王宮炎上 アレクサンドロス大王とペルセポリス――森谷公俊
魔女裁判 魔術と民衆のドイツ史――牟田和男
フランスの中世社会 王と貴族たちの軌跡――渡辺節夫
古代インド文明の謎――堀　晄
インド史への招待――中村平治
スカルノ インドネシア「建国の父」と日本――後藤乾一・山﨑　功
ヒトラーのニュルンベルク 第三帝国の光と闇――芝　健介
人権の思想史――浜林正夫
グローバル時代の世界史の読み方――宮崎正勝

考古学

農耕の起源を探る イネの来た道――宮本一夫
縄文の実像を求めて――今村啓爾
O脚だったかもしれない縄文人 人骨は語る――谷畑美帆
三角縁神獣鏡《さんかくぶちしんじゅうきょう》の時代――岡村秀典
邪馬台国の考古学――石野博信
吉野ケ里遺跡 保存と活用への道――納富敏雄
交流する弥生人 金印国家群の時代の生活誌――高倉洋彰
銭の考古学――鈴木公雄
太平洋戦争と考古学――坂詰秀一

各冊一七八五円～一九九五円(各5%の税込)
▽残部僅少の書目も掲載してあります。品切の節はご容赦下さい。